Del Cielo que enferma y la Tierra que sana

Bert Hellinger

Del Cielo que enferma y la Tierra que sana
Caminos de experiencia religiosa

Traducción de Sylvia Kabelka

Herder

Título original: Vom Himmel der krank macht, und der Erde, die heilt,
Wege religiöser Erfahrung
Traducción: Sylvia Kabelka
Diseño de la cubierta: Gabriel Nunes

© 2009, Bert Hellinger
© 2011, Herder Editorial, S. L., Barcelona

2ª edición, 3.ª impresión, 2025

ISBN: 978-84-254-2754-1

Cualquier forma de reproducción, distribución, comunicación pública o transformación de esta obra solo puede ser realizada con la autorización de sus titulares, salvo excepción prevista por la ley. Diríjase a CEDRO (Centro de Derechos Reprográficos) si necesita reproducir algún fragmento de esta obra (www.conlicencia.com).

Imprenta: Sagrafic
Depósito legal: B-1.602-2012
Printed in Spain - Impreso en España

Herder
www.herdereditorial.com

ÍNDICE

Prefacio 13
Agradecimiento 17

«YO CREO DESDE LA EXPERIENCIA DE LA COMUNIDAD» 19
   El diálogo 19
   El discurso esencial 20
   El riesgo 21
   La experiencia 22
   Los límites de la experiencia 23
   La libertad 24
   El intercambio 26
DEL CIELO QUE ENFERMA Y LA TIERRA QUE SANA 29
   La comunidad unida por el destino 29
   El vínculo y sus consecuencias 30
   Similitud y compensación 30
   La enfermedad sigue al alma 32
   «Mejor que sea yo que tú» 32
   El amor consciente 34
   «Yo en tu lugar» 35
   «Aunque tú te vayas, yo me quedo» 35
   «Te sigo» 37
   «Aún viviré un poco» 37
   La esperanza que lleva a la enfermedad 38
   Fe y amor 39
   El amor que sana 40

La enfermedad como expiación	40
La compensación a través de la expiación causa un doble sufrimiento	41
La compensación a través del tomar y de los actos de reconciliación	43
La expiación sustituye la relación	44
En la Tierra, la culpa pasa	45
La enfermedad como expiación, en lugar de otra persona	45
La enfermedad como consecuencia de la negación de tomar a los padres	46
Honrar a los padres	46
Ser y No-Ser	46

EXPERIMENTAR LO DIVINO ... 49

Imágenes de Dios	49
Lo espiritual	50
Religión en concordancia	52
Psicoterapia en concordancia	53
El miedo ante Dios	53
El misterio	54
La actitud religiosa	55
El camino	56
«Dios ha muerto»	56
Teología feminista	57
Experiencia divina en la psicosis	57
La cautela	58

RESPUESTAS ... 61

La compensación	61
La religión natural	62
Conversión y apostasía	63
La perfección	64
Los caminos de la mística en lo cotidiano	65
El servicio	65

La devoción	66
Plenitud	67
Sanación y salvación	68
El bien supremo	69
La conciencia	70
La quietud	72
La noche del espíritu	73
Sabiduría	74
Lo común y lo liviano	75
El momento	76
La humildad	76
La cuestión religiosa	79
La serenidad	79
Lo oscuro	80
El sacrificio	80
Los nombres	80
El Dios más grande	83
AFORISMOS Y PEQUEÑAS HISTORIAS	85
Introducción	85
Lo oculto	85
El celo	87
La expectativa	88
El fuego	88
La Tierra	89
Lo mejor	90
Desprendimiento	91
La dependencia	92
Lo mismo	92
Lo religioso	93
PSICOTERAPIA Y RELIGIÓN	95
Religión	95
Revelación	96
Contradicciones	97

Oración	99
Mística	99
Religión natural	101
Psicoterapia fenomenológica	101
Jesús	103
La purificación	105
CURA DE ALMAS	107
Confianza	107
Actitud centrada	108
Desprenderse	109
Despedida	110
Experiencia y pensamiento	111
Ver y escuchar	113
La palabra sanadora	113
Mirar	114
La mirada hacia delante	114
Imágenes	115
Caminos espirituales	115
Religión y amor	118
Dios y los dioses	120
Ser y No-ser	121
La fe	122
La gracia	123
El desprendimiento	123
El alma	124
Enfermedad y alma	125
Detenerse	125
El bien y el mal	126
Abuso	126
Moral	127
Violación	127
Aborto	128
Vergüenza y pudor	128

Destino 128
La fuerza 129
La contradicción 129
El padre 129
La retirada 130
La madre 130
Padres 131
Los muertos 132
LA PRESENCIA DE LOS MUERTOS EN NUESTRA VIDA 133
Constelaciones familiares 133
Implicaciones sistémicas 135
Transgredir los límites 135
Perpetradores y víctimas 136
Perfección y plenitud 137
La imagen de Dios 139
El Gran Dios 140
Vivos y muertos 140
La reconciliación 141
La percepción 142
Epílogo 144
LA FUERZA DEL CENTRO VACÍO 145
El entendimiento 145
Epistemología científica y epistemología
    fenomenológica 146
El proceso 147
La renuncia 148
La valentía 148
La concordancia 149
Fenomenología filosófica 150
Fenomenología psicoterapéutica 151
El alma 153
Fenomenología religiosa 153
La vuelta 154

Religión y psicoterapia 157
   Alma y yo 157
   El procedimiento 158
   Alma y yo en la religión 158
   Las religiones reveladas 159
   La comunidad religiosa 160
   La religión natural 161
   Religión como huida 162
   Filosofía y psicología 163
   El vacío 165
   Psicoterapia y religión revelada 166
   La práctica profesional 167
   Cuerpo y alma 167
   La comunidad unida por el destino 170
   El centro vacío 171
   El círculo 172

Reflexiones finales 175
   ¿Qué es el amor? 175
      La pertenencia 175
      La felicidad 176
      Otros grupos 176
      Cómo se crea la unión 177
      La benevolencia 178
      El campo espiritual 179
      La otra pertenencia 180
      La conciencia 180
      Las fuerzas opuestas 181
      El amor eterno 182
   El otro Dios 183
   Las religiones 184
      El Estado 185
      Los estados unidos 186
      Religión y plenitud 186

PREFACIO

El presente libro ofrece una edición revisada, en muchos puntos resumida y completada, de mi libro *Religión, psicoterapia, cura de almas,* publicado por Herder en 2001.

La religión como tema me viene ocupando desde hace muchos años. Durante 25 años fui miembro de una orden católica, estudié filosofía y teología, me hice sacerdote y estuve trabajando durante 16 años como misionero y maestro entre los zulúes en Sudáfrica. A la psicoterapia llegué a través de la dinámica de grupos y el psicoanálisis. Muy pronto, sin embargo, me di cuenta de que muchos métodos psicoterapéuticos raras veces alcanzan los estratos más profundos del alma. Esto se debe a que, bajo la influencia de la filosofía occidental desde Descartes, les adjudican un valor al sujeto y al yo que los aísla de su entorno.

Pero, en contra de la libertad postulada por esta filosofía, este sujeto se experimenta como objeto de unas fuerzas que disponen de su yo, y a las que se ve expuesto. Así, por ejemplo, en terapia familiar, a través del trabajo con constelaciones familiares, se evidencia que los individuos dependen no solo de sus padres y son influidos y marcados por ellos de muchas maneras. Más allá de su familia nuclear, pueden estar implicados en los destinos de otros miembros de la familia, sin ser conscientes de ello y, muchas veces, a través de varias generaciones.

Así, por ejemplo, una hija imita a la hermana de la madre, despreciada por el resto de la familia, porque se quedó soltera para cuidar a sus padres. También ella renuncia al matrimonio para cuidar a sus padres, sin que ni ella ni nadie más de la familia se dé cuenta del contexto.

Otro ejemplo sería el de un hijo que siente el anhelo irresistible de suicidarse. Solo a través de una constelación familiar surge que su padre desea seguir a la muerte a sus camaradas que cayeron en la guerra, y que su hijo, interiormente, dice: «Yo me muero para que tú, querido padre, te quedes». Aquí se evidencia que los miembros de una familia se encuentran unidos por un alma común, y que también son dirigidos por ella. Esta alma familiar se rige por unos órdenes que en su mayoría permanecen ocultos para los miembros de la familia. Nosotros los percibimos por sus efectos: los efectos fatales y las suertes trágicas son consecuencia de una infracción de estos órdenes, aunque sea a un nivel inconsciente. Los efectos positivos resultan del acatamiento de estos órdenes.

Además, el trabajo con constelaciones familiares también nos muestra que nos hallamos englobados en contextos y órdenes aún mayores, que nos toman a su servicio independientemente de nuestros deseos o temores. Así, por ejemplo, en las familias descendientes de las víctimas del Holocausto, muchas veces, un miembro de la familia secretamente tiene que representar a un perpetrador, de la misma manera que en las familias descendientes de los perpetradores algún hijo o nieto representa a las víctimas de aquellos. Así pretenden sufrir y morir por solidaridad con ellos, sin comprender el contexto real.

Es evidente que nuestras imágenes de Dios y nuestras actitudes religiosas tradicionales ya no resisten a estas experiencias. Y queda claro que tampoco la cura de almas convencional –aquí en su sentido más amplio– puede estar a la altura de ellas. Así pues, tuve que encarar la cuestión religiosa de una forma nueva.

El presente libro documenta el resultado de estos esfuerzos. Los diferentes capítulos describen el efecto de determinadas imágenes y actitudes religiosas en el alma. No obstante, el misterio religioso en sí permanece intacto; se respeta como misterio.

Para la recopilación de estos textos también me serví de algunas conferencias, entrevistas y pasajes publicados ya anteriormente en *Órdenes del amor, El centro se distingue por su levedad, Verdichtetes* y *Finden, was wirkt*.

Dado que todos los capítulos giran alrededor de un mismo tema y no dependen el uno del otro, cada uno puede ser leído por sí solo; me he limitado a agruparlos de acuerdo con un cierto orden cronológico. De esta forma se aprecian un determinado desarrollo y una cierta profundización en mis comprensiones a lo largo de los años, y también queda claro que todas las experiencias no son más que provisionales. Así, también el lector puede sentirse animado a fiarse de sus experiencias y a dejarse guiar por ellas.

BERT HELLINGER

AGRADECIMIENTO

De Otto Betz y de Günther Linemayr recibí impulsos decisivos. Hartmut Weber y Gabriele ten Hövel, como interlocutores, aportaron ideas importantes para algunos capítulos. Asimismo, las sugerencias y las observaciones de Norbert Linz me fueron especialmente útiles. A todos ellos les doy las gracias de todo corazón.

También agradezco las aportaciones de todos aquellos que en coloquios o talleres me inspiraron o me desafiaron a reflexionar aún más profundamente sobre la dimensión religiosa en psicoterapia y en la cura de almas.

«YO CREO DESDE LA EXPERIENCIA DE LA COMUNIDAD»[1]

El diálogo

Cuando escucho a un cristiano católico decir la frase «Yo creo desde la experiencia de la comunidad», me provoca un eco de esperanza y otro de dudas. Mis deseos me impulsan a la esperanza. Mis experiencias cotidianas en la Iglesia me hacen dudar. Por tanto, si yo mismo digo «Yo creo. Desde la experiencia de la comunidad», esto se refiere no tanto a mi situación actual, sino que más bien comprende un programa para un futuro.

Empezaré con una vivencia reciente. El 16 de octubre del año pasado, el sínodo diocesano de St. Pölten se reunió para su sesión de apertura, y ese mismo día yo empecé un seminario de dinámica de grupos en la misma casa. A última hora de la tarde, algunas personas corrían por los pasillos buscando y llamando en voz alta a algunos participantes del sínodo. Muchos de ellos se habían marchado antes de tiempo y el sínodo ya no alcanzaba el quórum.

¿Fue una simple casualidad? Quizá. A pesar de todo sabemos que muchos cristianos ya no quieren participar cuando se negocia la renovación de la Iglesia; se han cansado y se retiran. Hace unos años, nuestras expectativas eran más optimistas. En aquella época habíamos puesto grandes esperanzas en el diálogo, y experimentábamos con nuevas estructuras que pudieran facilitarlo.

1. Conferencia para la emisora Südwestfunk, 1972.

Estas esperanzas no se cumplieron. Muchas formas de organización del Posconcilio se han convertido en ejercicios obligatorios sin ninguna fuerza recreadora. Las concesiones a la forma externa no bastaron para apaciguar el miedo ante las consecuencias de un diálogo sin miramientos, ya que en los odres nuevos de las estructuras mejoradas seguimos encontrando el vino viejo de la intimidación y del paternalismo mutuos.

Preguntémonos por un momento dónde se encuentran los grupos eclesiales en los que podríamos osar hablar de nuestra experiencia y de nuestras dudas personales en la fe, sin tener que temer que alguien se levante y sospeche de nuestra vivencia más personal, o incluso la niegue. ¿Cuántas veces no tenemos que ver a cristianos que desconcierten a otros con su asombro despectivo, que se sonríen con superioridad o reaccionan con indignación cuando otro comenta algo personal, que se incapacitan mutuamente alegando autoridades y citando como excusa dogmas y leyes? Al final ya no nos atrevemos a fiarnos de nuestra vivencia personal, ni confiamos en que Dios se manifieste y actúe justamente en la experiencia de cada uno de nosotros. Así, preferimos refugiarnos en debates sobre estructuras ideales, conjurando nuestra responsabilidad personal con ideologías. Mutuamente nos amonestamos, juzgamos y amenazamos con criterios que no se fundamentan en nuestra propia vivencia. Por tanto, tampoco es de extrañar que nuestras largas discusiones acaben degenerando en fórmulas vacías, en exigencias sin compromiso, en leyes muertas y en una resignación generalizada.

El discurso esencial

En la vida pública de los grupos eclesiales oficiales queda poco espacio para el discurso esencial, es decir, para la conversación sobre nuestra experiencia personal con la fe, sobre nuestras tentaciones y dudas, sobre nuestras preguntas temerosas y sobre la noche, que a veces parece carecer de salida. Al hablar de discurso esencial, también me refiero al mensaje renovador de Jesús en nuestra vida cotidiana: de cómo juzga y purifica; de cómo, de repente, exige una nueva libertad y abre el camino a la esperanza y a la fuerza.

Me pregunto: este discurso personal, ¿por qué se da tan raras veces en la Iglesia? ¿Qué me impide tomar en serio mi experiencia con la fe y revelarla en una conversación? Si confronto la experiencia viva que he hecho con la fe, y si reconozco la exigencia de esta experiencia personal, ¿qué me puede ocurrir?

El riesgo

¡Me puede ocurrir muchísimo!, creo yo. En el seno de la Iglesia, como institución, el discurso personal sobre la fe es un riesgo, ya que en este discurso tengo que comprometerme enteramente y estoy en juego yo mismo. Sobre todo, arriesgo mi relación con la Iglesia, ya que los superiores de la Iglesia se adjudican el derecho de medir mi experiencia con el baremo de su propia experiencia. Así, pueden rechazar mi experiencia declarándola peligrosa e incluso errónea. Pueden exigirme que niegue mi propia experiencia y que desista de mis preguntas y de mi búsqueda, a no ser que esta se mueva en una dirección previamente establecida por ellos. Como medida extrema pueden reprenderme públicamente y excluirme de la Iglesia visible. Quizá, en un caso concreto, los superiores de la Iglesia no hagan uso de este derecho, pero con suma facilidad aparecerán otros miembros de la Iglesia que, bajo la protección de la autoridad y con referencia a ella, se ocupen de juzgar la expresión de mi experiencia, intimidándome y amenazándome si esta experiencia mía no concuerda con la suya. Por tanto, apenas existe un grupo eclesial que me permita librarme de esta presión, y, por el mismo motivo, tan pocas veces encontramos un diálogo verdaderamente abierto en la Iglesia.

En la Iglesia veo que también otros se sienten responsables de mi relación con Dios. Así, hay padres y pastores, curas, maestros, jueces y muchos otros que, con una naturalidad casi ingenua, se sienten con el derecho de intervenir en mi vida en nombre de Dios, de decirme de forma determinante y autoritaria quién es Dios, cuál es su voluntad y cómo juzga. No obstante, no puedo ver que ellos tengan a su alcance más medios que yo. También ellos no pueden alegar más que su propia experiencia personal; también para ellos Dios habita en la luz impenetrable.

La experiencia

Todo esto parece contradecir el hecho de que los seguidores de la autoridad religiosa justamente no se remonten a su experiencia personal, sino a la revelación divina y al dogma y a la ley de la Iglesia. Pero, cuando indagamos sin prejuicios, cuando nos preguntamos cómo se realiza la revelación divina, cómo se llega a la proclamación de un dogma y de una ley divina, cómo se crea un derecho religioso sobre otros, también aquí nos topamos con experiencias personales, y nada más que experiencias personales, ya que toda revelación religiosa se muestra como una experiencia personal comunicada a otros, y los dogmas y las leyes religiosos en un principio no eran más que las interpretaciones y las aplicaciones personales de experiencias de este tipo. En ningún caso, la revelación, el dogma y la ley eclesiales, o el derecho de una autoridad religiosa, sobrepasan el ámbito de la experiencia personal de una forma verificable para otros. Por tanto, cuando una persona se refiere a la revelación, al dogma, a la ley divina, o a cualquier otra autoridad religiosa, en realidad no se refiere a nada que más allá de la experiencia personal sea cierto y seguro. En todos estos casos se refiere únicamente a su experiencia personal.

Esto tiene consecuencias. Cuando la revelación, el dogma, la ley y toda autoridad religiosa son expresión de una experiencia personal, únicamente pueden ser fidedignas y vinculantes para otros en la medida en que su pretensión encuentre una resonancia en la experiencia personal de su interlocutor y que este, por su propia experiencia, la experimente como válida, ya que, si el uno puede fiarse de su experiencia personal, el otro también tiene el mismo derecho. Y aún más: si en cuestiones de fe me veo relegado a la experiencia personal, la experiencia verdaderamente decisiva es la mía propia y no la de otro. Eso no significa que las experiencias religiosas de los demás no tengan ninguna importancia para mí, ¡todo lo contrario! Las experiencias de los demás son un impulso para mi propia experiencia, la corrigen y la enriquecen. Pero eso no quiere decir que alguien me pueda obligar a asumir su experiencia sin más. Únicamente puedo actuar de forma responsable basándome en mi propia experiencia. La de otra persona solo se convierte en vinculante para mí cuando se me confirma por mi propia experiencia. Por tanto, cuando bajo mi propia responsabilidad creo en un mensaje religioso y me someto a él, lo decisivo para mí es el efecto que este mensaje desencadenó en mí. Así, en un primer lugar y ante todo me fío de mi propia experiencia.

Los límites de la experiencia

En este punto es fácil objetar que la propia experiencia muchas veces engaña. Es cierto. Cuán poco me puedo fiar de ella ya se me demuestra por el hecho de que la experiencia progresa y mis opiniones también cambian de acuerdo con su desarrollo. Lo que antes era importante más tarde quizá lo abandone. A pesar de todo, en cuestiones de fe me veo remitido a esa experiencia personal, y solo a ella, ya que, si ella es insegura, también lo es la de los demás; y, si mi experiencia no puede ser definitiva, porque constantemente va cambiando y progresando, tampoco la de los demás es invariablemente segura. Tampoco me sirve que otra persona alegue su mayor experiencia. Yo tengo que tomar mis decisiones sobre la base de mi experiencia actual, porque esta es la única de que dispongo y porque únicamente de ella puedo hacerme responsable. Por tanto, por muy insegura que sea la experiencia personal, ella es lo más seguro que se puede tener.

La libertad

Aquí surge el miedo para muchos, el miedo ante la propia libertad y el miedo ante la autoridad eclesial. En este miedo, quizá nos ayude una promesa de la Escritura; ya que quien se siente intimidado en nombre de la Escritura, también puede escuchar aquellas otras palabras de la Escritura que nos animan a la libertad y a la confianza en la propia experiencia religiosa.

El profeta Jeremías y la Carta a los Hebreos dicen de la Nueva Alianza: «Esta será la alianza que yo pacte con la casa de Israel, después de aquellos días —oráculo de Yahveh—: pondré mi Ley en su interior y sobre sus corazones la escribiré, y yo seré su Dios y ellos serán mi pueblo. Ya no tendrán que adoctrinar más el uno a su prójimo y el otro a su hermano: «Conoced a Yahveh», pues todos ellos me conocerán del más chico al más grande —oráculo de Yahveh— cuando perdone su culpa, y de su pecado no vuelva a acordarme» (Jer. 31, 33-34; Hebr. 8, 10-12).

Este gran texto es una de aquellas palabras vitales y vigorosas que, más tajantes que una espada de doble filo, penetran hasta el sentimiento más íntimo. Es una de aquellas palabras que, para mi sentir, dan con los pensamientos más secretos, sacándolos a la luz y juzgándolos.

Ante esta palabra, nuestra manera de hablar y de enseñar, de sentenciar y de juzgar, se me presenta como profundamente irredimida. En el asentimiento a esa palabra, aquello que para muchos era la expresión más sublime de la fe y de la lealtad —es decir, la sumisión incondicional a una autoridad religiosa— se me revela como pusilanimidad y temor servil, y con más confianza distingo detrás del santo fervor de algunos la parte oculta de presunción y de odio. Con esta palabra de la Escritura, todos los que participan en la Alianza Nueva reciben la promesa del conocimiento de la Ley y del conocimiento del Señor a través de la experiencia personal de cada uno, y todo intento de adoctrinar a otros acerca del conocimiento de Dios, de su Ley y de su juicio, es rechazado expresamente como intromisión en una prerrogativa de Dios. A cada uno de nosotros se le confirma que puede confiar en su experiencia religiosa personal; es más, tiene que confiar en ella, y esta confianza no le hace culpable sino libre. Yo incluso entiendo esta palabra de la siguiente manera: el conocimiento del Señor y de su Ley justamente me es posible porque puedo confiar en el perdón radical y definitivo de mi culpa, ya que solo en la confianza en este perdón radical encuentro la fuerza de estar atento, independientemente de toda autoridad exterior, a aquello que en cada experiencia cotidiana me llega como conocimiento del Señor y como exigencia de Dios.

Aquí quisiera hacer un balance, resumiendo estas reflexiones en tres tesis:

1. El diálogo sobre la experiencia personal en la fe se dificulta en la Iglesia. Como principal medio de presión sirve la referencia a una autoridad.

2. En última instancia, toda autoridad religiosa se basa en una experiencia personal. Por tanto, mi propia experiencia religiosa no puede ser desvalorada por la referencia a una autoridad.

3. También la tradición bíblica conoce el primado de la revelación privada.

El intercambio

El resultado de estas reflexiones sería: si yo digo «yo creo desde la experiencia de la comunidad», esto no puede equivaler al conformismo. No significa la sumisión colectiva a una doctrina religiosa. No tiene nada que ver con la unanimidad de opiniones y afirmaciones, característica de organizaciones totalitarias, ya que la fe se sustrae a toda presión exterior, y la comunidad se caracteriza precisamente porque sus miembros no se limitan en su integridad personal, sino que la reconocen y la fomentan.

La mejor imagen para la fe desde la experiencia de la comunidad sería, para mí, la de un conjunto de jazz: cada uno de los músicos toca su propia melodía con su propio instrumento, desarrollando al máximo su talento y sus ideas musicales. No obstante, cada músico está atento a los demás. Se deja inspirar por las melodías de los demás. Busca un complemento, una continuación, un contraste, una variación o una armonía adecuados. Se siguen mutuamente sin abandonar sus propias ideas, ni entorpecerse ni dominar a los demás. Y justamente en el máximo despliegue de su individualidad logran un resultado conjunto, una gran riqueza de melodías, de ritmo y de plenitud de sonido.

Transfiriendo esta imagen a la Iglesia, vemos que de ninguna manera hay que temer un caos si les damos una oportunidad real a la experiencia personal con la fe y al intercambio libre de estas experiencias.

Imaginemos a un grupo de cristianos en el que todos están convencidos del valor singular de la experiencia personal en la fe. En este grupo, nadie tiene que temer que su experiencia personal sea puesta en duda o menospreciada. Nadie lo ridiculiza o lo ataca.

Así puede encarar con valentía sus sentimientos y miedos, sus dudas y comprensiones, tomándolos en serio. En consecuencia, tiene que confrontarse de forma más diferenciada con sus deseos, motivaciones y conflictos. Ya no puede pasar la responsabilidad de su fe a otros. Las preguntas se dirigen a él mismo, por lo que cobra un significado nuevo y único, para sí mismo y para los demás.

En este grupo, ninguno busca su seguridad religiosa aferrándose a determinadas enseñanzas o mandamientos. Así, tampoco puede caer en la tentación de usar el dogma y la ley como monedas para sopesar quién es pobre y quién rico ante Dios. El dogma y la ley ya no se utilizan como medidas para determinar qué es verdadero y qué es falso, qué es bueno y qué es malo. La palabra del otro nunca me alcanza como una exigencia general o como un juicio, sino como expresión de una experiencia personal, o de una duda personal, o de un sentimiento, o de una pregunta. Así pues, puedo escuchar el significado de su palabra con una actitud mucho más abierta, por lo que gana una relevancia inmediata. Para poder corresponder a la comunicación personal del otro, en mi interior tengo que dar espacio a su experiencia. Tengo que abrirme e intentar sintonizar con ella. Solo así me doy cuenta de si mi experiencia corresponde a la suya o si su experiencia me sigue siendo extraña.

Aquello que experimento al acceder a la experiencia del otro y al escucharme a mí mismo se lo devuelvo al otro como respuesta. En consecuencia, en él ocurre lo mismo que antes ocurrió en mí: recibe el mensaje en su interior, le concede un espacio y lo comprueba en relación a su propia experiencia. Después, me devuelve como respuesta el eco que mi experiencia encontró en él. Así se desarrolla un intercambio de experiencias personales en la fe. Cada uno de los interlocutores permanece libre y únicamente responsable de sí mismo, pero, no obstante, cada uno se ve tanto desafiado como apoyado por el otro. Esta conversación sobre la fe se convierte en diálogo.

DEL CIELO QUE ENFERMA
Y LA TIERRA QUE SANA[1]

Lo que aquí se dice del cielo describe lo que en la familia y en la red familiar, como comunidades de personas unidas por el destino, conduce a enfermedades graves, a accidentes o al suicidio; y lo que se dice de la tierra pretende describir lo que, a veces, logra dar otro rumbo a estas suertes.

Enfermedades graves o accidentes y suicidios en el seno de la familia o de la red familiar son desencadenados por procesos que se entrelazan con imágenes del cielo, de sufrimiento y de expiación en lugar de otras personas, de un reencuentro después de la muerte, y de inmortalidad personal. Estas imágenes seducen a un pensar y desear y actuar mágicos, en los que el enfermo o el moribundo cree que, a través del sufrimiento deliberadamente aceptado, puede redimir a otros de su sufrimiento, aunque este forme parte de su destino. Las observaciones y las comprensiones del trabajo con constelaciones familiares que se describen a continuación ayudan a desenmascarar tales ideas enfermizas para superarlas de una forma sanadora.

La comunidad unida por el destino

A esta comunidad de personas unida por el destino —en la que obran estas ideas fatales— pertenecen los hermanos, los padres y

---

[1]. Ponencia durante las Jornadas Internacionales de Medicina y Religión, en Garmisch, 1993.

sus hermanos, los abuelos, a veces algún bisabuelo, y todos los que hicieron sitio para uno de estos miembros de la familia.

Entre los que hicieron sitio cuentan los cónyuges anteriores de los padres y de los abuelos, o las relaciones comparables a un matrimonio, por ejemplo, los novios anteriores. Asimismo, forman parte todos aquellos por cuya desaparición o desgracia otros pudieron acceder a este grupo o tuvieron alguna ventaja en otro ámbito.

El vínculo y sus consecuencias

En esta comunidad unida por el destino todos se hallan atados a todos. Donde más fuerza cobra el vínculo creado por el destino es de hijos a padres, entre hermanos y entre marido y mujer. Asimismo, se crea un vínculo especial desde las personas que entraron en el sistema posteriormente hacia aquellos que hicieron sitio para ellos, especialmente si estos tuvieron una suerte difícil: por ejemplo, el vínculo que se desarrolla entre los hijos de un segundo matrimonio de un hombre hacia su primera mujer, que murió de parto. El vínculo es menos fuerte de padres a hijos, o de aquellos que hicieron sitio a los que les siguieron en ese lugar: por ejemplo, de una novia anterior del marido a su mujer posterior.

Similitud y compensación

Por este vínculo, pues, los posteriores y más débiles pretenden sujetar a los anteriores y más fuertes para que estos no se vayan, o, si ya se fueron, desean seguirles.

Por este vínculo, los aventajados pretenden asemejarse a los que sufren la desventaja. Así pues, los hijos sanos quieren parecerse a sus padres enfermos, y los pequeños, inocentes, a los grandes, culpables. Por este vínculo, los sanos se sienten responsables de los enfermos; los inocentes, de los culpables; los felices, de los desdichados, y los vivos, de los muertos.

Por tanto, los que reciben la ventaja están dispuestos a arriesgar y a ofrecer tanto su salud como su inocencia, su vida como su felicidad por la salud, la inocencia, la vida y la felicidad de otros, ya que albergan la esperanza de poder asegurar o salvar la vida y la felicidad de otros miembros de esta comunidad, renunciando a su propia vida y a su propia felicidad. Y esperan poder recuperar y restablecer la vida y la felicidad de otros, aunque ya estén perdidas.

Así pues, del vínculo y del amor que este vínculo comporta, en la comunidad de la familia y de la red familiar nace la necesidad imperiosa de llegar a un equilibrio entre la ventaja de unos y la desventaja de otros, entre la inocencia y la felicidad de unos y la culpa y la desdicha de otros, entre la salud de unos y la enfermedad de otros, y entre la vida de unos y la muerte de otros. Es esta necesidad la que lleva a una persona a desear también la desdicha donde otro miembro de su sistema fue desdichado; donde otro cayó enfermo o contrajo una culpa, una persona sana o inocente también enferma o se hace culpable, y, donde una persona querida murió, otra persona próxima a ella desea morir también.

En el seno de esta comunidad tan estrechamente unida por el destino, el vínculo y la necesidad de compensación llevan a la participación y a la imitación de la culpa y de la enfermedad de otros, de su destino y de su muerte. Asimismo, se intenta pagar la salvación de otros con la desgracia propia; la curación de otros, con la propia enfermedad; la inocencia de otros, con la culpa o la expiación propia, y la vida de otros, con la propia muerte.

La enfermedad sigue al alma

Dado que esta necesidad de semejanza y compensación anhela la enfermedad y la muerte, por así decirlo, la enfermedad sigue al alma. Por tanto, aparte de la ayuda médica en un sentido más estricto, la sanación requiere también la ayuda de personas que conocen las necesidades del alma, bien sea que el médico mismo reúna ambos aspectos, bien sea que otra persona complemente el trabajo médico, atendiendo la psique. Ahora bien, mientras el médico se esfuerza por curar la enfermedad a través de su tratamiento, el psicoterapeuta más bien se retiene, ya que, lleno de asombro, se halla ante fuerzas con las que le parecería arrogante competir. Así pues, intenta cambiar un destino fatal estando en sintonía con estas fuerzas, convirtiéndose más bien en su aliado que en su enemigo. A este respecto quisiera referir un ejemplo.

«Mejor que sea yo que tú»

Durante una hipnoterapia, una joven paciente de esclerosis múltiple se vio a sí misma de niña, arrodillada delante de la cama de su madre paralítica, formulando interiormente este propósito: «Querida Mamá, mejor que sea yo que tú».

Para los demás participantes del grupo fue una experiencia profundamente conmovedora ver cuánto una hija ama a sus padres, y la mujer joven se sentía en paz consigo misma y con su suerte. Una participante, sin embargo, no pudo soportar ese amor dispuesto a tomar sobre sí enfermedades, dolores e incluso la muerte por el bien de la madre. Le dijo al terapeuta:

—¡Deseo de todo corazón que puedas ayudarle!

El terapeuta se quedó perplejo; para él fue como si lo hubiera deshecho todo, ya que cómo es posible que alguien trate el amor de la hija como si fuera algo malo. ¿Acaso no heriría el alma de la hija, agravando su sufrimiento en vez de aliviarlo? ¿Acaso la hija no guardaría aún más celosamente su amor a la madre, aferrándose aún más apasionadamente a su esperanza y a su propósito, surgidos en aquel momento, de salvar a la madre amada a través de su propio sufrimiento?

Aún quisiera presentar otro ejemplo más. En un grupo, una mujer joven, que también padecía de esclerosis múltiple, configuró su familia de origen y la trama relacional que reinaba en su seno. Así pues, había la madre y, a su izquierda, el padre. Enfrente de ellos se encontraba la paciente, como hija mayor; a su izquierda, el hermano siguiente, que murió de un paro cardíaco a los 14 años, y, a la izquierda de este, el hermano más joven.

Partiendo de esta constelación, el terapeuta le pidió al representante del hermano muerto que saliera por la puerta, lo cual, en una constelación familiar, significa morir. En el momento en el que salió por la puerta, la cara de la hija se iluminó de golpe, y también la madre se sintió mucho mejor. Después, el terapeuta envió fuera al hermano menor, y, después, al padre, porque había notado que también ellos tendían a salir del sistema. En cuanto habían salido todos los hombres —lo cual significa que todos estaban muertos—, la madre se enderezó con un gesto triunfante, quedando claro que era ella la que se sabía presa de la muerte —cualquiera que fuera el motivo—, y también, cuán aliviada se sentía al ver que otros estaban dispuestos a tomar sobre sí la muerte en lugar de ella.

A continuación, el terapeuta volvió a llamar a los hombres, y, en su lugar, envió fuera a la madre. De repente, todos se sintieron librados de la obligación de participar en el destino de la madre, y se encontraban bien.

El terapeuta, sin embargo, sospechaba que también la esclerosis múltiple de la hija podría estar relacionada con el hecho de que la madre se sintiera obligada a morir. Por tanto, hizo entrar nuevamente a la madre, la puso al lado del padre, y llevó a la hija al lado de ella. A continuación, le dijo a la hija que mirara a la madre con amor y que le dijera a los ojos y a la cara: «Mamá, yo lo hago en tu lugar». Al pronunciar estas palabras, la cliente se puso radiante, y el significado y la finalidad de su enfermedad quedaron claros para todos los presentes.

¿Qué puede hacer, pues, un médico o un psicoterapeuta, y de qué se debe guardar?

El amor consciente

Sacar a la luz el amor del hijo es, frecuentemente, todo lo que puede y debe hacer un terapeuta que conoce la envergadura de ese amor. Cualquiera que sea la carga que haya tomado sobre sí por este amor, el hijo tiene la seguridad de estar siguiendo fielmente a su conciencia, sintiéndose noble y bueno. Ahora bien, en cuanto, con la ayuda de una persona entendida, haya podido salir a la luz el amor del hijo, quizá se haga patente también que la meta de ese amor permanece inalcanzable, ya que ese amor alberga la esperanza de poder sanar a la persona amada a través de sus sacrificios, de poder protegerla de la desgracia, de poder expiar su culpa, y, aunque haya muerto la persona amada, llega al extremo de pensar que incluso podría recuperarla de entre los muertos.

Por tanto, si junto con el amor infantil también se hacen patentes sus fines infantiles, el hijo, ahora adulto, quizá se dé cuenta de que con su amor y con sus sacrificios no puede superar ni la enfermedad ni el destino ni la muerte de otros, sino que debe encararlos con impotencia y con valentía, asintiendo a ellos tales como son.

Así pues, las metas del amor infantil y los medios para alcanzarlas son «des-engañados» en cuanto salen a la luz, ya que forman parte de un concepto mágico del mundo que resulta insostenible ante el conocimiento del adulto. El amor, sin embargo, perdura. Una vez descubierto, el mismo amor que en otros momentos llevaba a la enfermedad ahora se une al conocimiento para buscar otra solución, solución consciente, neutralizando así las influencias enfermizas donde aún sea posible. En este sentido, el médico y otros terapeutas quizá puedan señalar determinados pasos, pero solo si el amor del hijo, porque ellos lo vieron, permanece a la luz, y solo si este amor, por su reconocimiento, puede dirigirse a algo nuevo y más grande.

«Yo en tu lugar»

En no pocos casos descubrimos como condición previa de una enfermedad mortal una decisión del hijo o de la hija ante una persona amada, decisión que se resume en la frase «Prefiero desaparecer yo antes que tú».

En una anorexia, la decisión es esta: «Prefiero desaparecer yo antes que tú, querido papá».

En la esclerosis múltiple de nuestro ejemplo, el propósito fue «Prefiero desaparecer yo antes que tú, querida mamá».

Una dinámica similar se encontraba antes en los casos de tuberculosis y sigue siendo actual en los casos de suicidio y de accidentes mortales.

«Aunque tú te vayas, yo me quedo»

¿Cuál sería, pues, la solución que realmente ayuda y sana cuando esta dinámica aparece en la conversación con el enfermo? Toda buena descripción de un problema siempre contiene su solución, y esta actúa ya a través de la misma descripción. La solución comienza en el momento en que se descubre la frase nociva y el paciente la pronuncia y la afirma ante la persona amada, con toda la fuerza del amor que le impulsa: «¡Prefiero desaparecer yo antes que tú!» En este punto es importante que la frase se repita hasta que la persona amada aparezca realmente como persona y, a pesar de todo el amor, se perciba y se reconozca como separada del propio yo. De lo contrario, se mantienen la simbiosis y la identificación, malográndose la distinción y la separación fundamentales para una solución.

En cuanto se logra pronunciar esta frase con amor, se trazan unos límites claros, tanto alrededor de la persona amada como alrededor del propio yo, separando así el propio destino del de la otra persona. Además, la frase obliga a la persona a ver no solo su propio amor, sino también el amor de la persona amada. Y la obliga a darse cuenta de que aquello que pretende hacer en lugar de la persona amada, más bien supone una carga para esta en vez de una ayuda.

Entonces también es el momento de decirle aún otra frase más a la persona amada: «*Querido padre, querida madre, querido hermano, querida hermana —quienquiera que sea—, aunque tú te vayas, yo me quedo*». A veces, sobre todo si la frase se dirige al padre o a la madre, el paciente aún añade: «*Querido padre, querida madre, bendíceme, aunque tú te vayas y yo aún me quede*».

Contaré un ejemplo.

El padre de una mujer tenía dos hermanos disminuidos: el uno, sordo; el otro, psicótico. Él mismo sentía la necesidad de unirse a sus hermanos para compartir su suerte y mostrar su lealtad con ellos, ya que no podía soportar su propia felicidad al lado de la desdicha de ellos. Su hija, sin embargo, notó el peligro y saltó a la brecha: en lugar de su padre, se puso ella al lado de los hermanos, y en su corazón le decía al padre: «Querido papá, prefiero irme yo con tus hermanos antes que tú». Y: «Querido papá, prefiero compartir yo su desgracia antes que tú».

La hija desarrolló una anorexia.

Pero ¿cuál sería la solución para ella? Tendría que pedirles a los hermanos del padre, aunque solo fuera en su interior: *«Por favor, bendecid a mi padre si se queda con nosotros, y bendecidme a mí si me quedo con mi padre»*.

«Te sigo»

Detrás del deseo de desaparecer del padre o de la madre, deseo que el hijo pretende evitar con la frase «mejor que sea yo que tú», por parte de los padres frecuentemente se halla otra frase que ellos pronuncian como hijos hacia sus propios padres o hermanos, cuando estos murieron pronto o estuvieron seriamente enfermos o disminuidos. La frase es esta: «Te sigo». O, más concretamente: *«Te sigo a tu enfermedad»*, o *«Te sigo a la muerte»*.

Así pues, la primera frase que obra en la familia es «Te sigo». También en este caso se trata de la frase de un niño; pero más tarde, cuando estos niños ya se han convertido en padres ellos mismos, sus hijos, a su vez, evitan que la cumplan, diciendo: «Mejor que sea yo que tú».

«Aún viviré un poco»

Donde aparece la frase de «te sigo» como trasfondo de enfermedades graves, de accidentes o de intentos de suicidio, la solución que ayuda y que sana sería también que el hijo le dijera y le prometiera a la persona amada, con toda la fuerza del amor que le mueve: «Querido padre, querida madre, querido hermano, querida hermana —o quien sea—, te sigo». También aquí es importante que la frase se repita todas las veces necesarias hasta que la persona amada sea vista como una persona real y, a pesar de todo el amor, pueda ser percibida y reconocida como separada del propio yo. Así, el hijo se da cuenta de que su amor no supera la frontera entre él y la persona amada muerta, y que tiene que parar ante estos límites. También aquí, la frase obliga a reconocer tanto el propio amor del hijo como el amor de la persona amada, y a comprender que esta puede llevar y cumplir su destino con más facilidad cuando no la sigue nadie, sobre todo, no su propio hijo.

Así pues, el hijo puede decirle también una segunda frase a la persona amada que murió, la frase principal que lo libera y lo redime de la obligación de imitar su suerte fatal: «*Querido padre, querida madre, querido hermano, querida hermana —o quien sea—, tú estás muerto/muerta, yo aún viviré un poco, después moriré también*». O: «*Cumplo lo que me esté dado, mientras dure; después también moriré*».

Cuando el hijo ve que uno de sus padres quiere seguir a alguien de su propia familia de origen a la enfermedad o a la muerte, tiene que decirle: «*Querido padre, querida madre, aunque tú te vayas, yo me quedo*». O: «*Aunque te vayas, te recuerdo con cariño, y siempre seguirás siendo mi padre/mi madre*». O, cuando uno de los padres se suicidó: «*Me inclino ante tu decisión y tu destino. Siempre seguirás siendo mi padre/mi madre, y yo siempre seguiré siendo tu hijo*».

La esperanza que lleva a la enfermedad

Ambas frases, «mejor que sea yo que tú» y «te sigo», se dicen y se cumplen con la conciencia tranquila y con la convicción de ser inocente. Al mismo tiempo, corresponden al mensaje y al ejemplo cristianos, por ejemplo, a las palabras de Jesús en el Evangelio según San Juan: «Nadie tiene mayor amor que aquel que da su vida por sus amigos». Y también corresponden a la exhortación a sus discípulos de seguirle en el camino de la cruz hasta la muerte.

La doctrina cristiana de la redención a través del sufrimiento y de la muerte, y el ejemplo de santos y héroes cristianos afirman la convicción y la esperanza del niño de poder tomar sobre sí la enfermedad, la desgracia y la muerte en lugar de otros. Asimismo, afirman la idea de que, pagándole a Dios y al destino con su propio sufrimiento y con su propia enfermedad, podría librar a otros de su sufrimiento y de su enfermedad, o salvarlos de su muerte muriendo él mismo. Y si en la Tierra no lograra su salvación, nuevamente podría encontrar a las personas amadas que la muerte le arrebató, perdiendo como ellos la vida y volviendo a encontrarla, según cree, a través de la muerte.

Como ejemplo de esta conversión a algo más grande, presento una historia.

Fe y amor

Un hombre, en sueños, oyó una noche la voz de Dios, que decía: «Levántate, toma a tu hijo, a tu único y bienamado hijo, llévalo al monte que te señalaré, y allí ofrécemelo en holocausto». Por la mañana, el hombre se levantó, miró a su hijo, su hijo único y bienamado, miró a su mujer, la madre del niño, y miró a su Dios. Cogió al niño, lo llevó al monte, construyó un altar, le ató las manos al niño y sacó el cuchillo para sacrificarlo. Pero en ese momento oyó otra voz, y en lugar de su hijo sacrificó un cordero.

¿Cómo mira el hijo al padre? ¿Cómo el padre al hijo? ¿Cómo la mujer al hombre? ¿Cómo el hombre a la mujer? ¿Cómo miran ellos a Dios? ¿Y cómo Dios —suponiendo que exista— los mira a ellos?

También otro hombre, por la noche, oyó en sueños la voz de Dios, que decía: «Levántate, toma a tu hijo, tu único y bienamado hijo, llévalo al monte que te señalaré, y allí ofrécemelo en holocausto». Por la mañana, el hombre se levantó, miró a su hijo, su hijo único y bienamado, miró a su mujer, la madre del niño, y miró a su Dios. Y le respondió, cara a cara: «¡No lo haré!»

¿Cómo mira el hijo al padre? ¿Cómo el padre al hijo? ¿Cómo la mujer al hombre? ¿Cómo el hombre a la mujer? ¿Cómo miran ellos a Dios? ¿Y cómo Dios —suponiendo que exista— los mira a ellos?

El amor que sana

En estas implicaciones, la sanación y la salvación se hallan más allá de la mera intervención médica o terapéutica. Exigen una realización religiosa, una conversión a algo más grande, que sobrepasa y despoja de su poder todo pensar y desear mágicos. Este algo más grande sería —a diferencia de la promesa engañosa del cielo— la tierra. Quien afirma la tierra con ella afirma tanto su plenitud como también su principio y su final. A veces, el médico u otra persona que acompaña a la persona afectada puede preparar y apoyar esta realización. Esta, sin embargo, no está a su disposición ni sigue a ningún método, como si de causa y efecto se tratara. Cuando se logra, pide lo último y se vive como una gracia.

La enfermedad como expiación

Otra dinámica que conduce a enfermedades y al suicidio, a accidentes y a la muerte, es el deseo de expiar una culpa.

A veces, se concibe como culpa lo que sobrevino de forma imprevista o lo que se sustrajo a toda influencia humana, por ejemplo, un aborto, o la enfermedad, la discapacidad o la muerte temprana de un hijo. En estos casos es de gran ayuda mirar a los muertos con amor, encarar el dolor y dejar en paz lo que ya esté pasado.

Asimismo, cuando el destino de una persona encierra incidentes que a otros les causaron algún daño, mientras que para él resultaron ser ventajosos, o incluso les debe su salvación o su vida, también estos hechos se viven como una culpa; por ejemplo, si la madre de un niño muere en el parto.

Pero también existe la culpa real, responsabilidad personal de una persona; por ejemplo, donde alguien abortó un hijo o lo dio para la adopción sin que hubiera ninguna necesidad auténtica, o si, sin escrúpulos, exigió o hizo algo grave a otra persona.

Frecuentemente se pretende reparar la culpa personal, o que forma parte de un destino, a través de la expiación, pagando el daño hecho, dañándose a sí mismo, *saldando* la culpa a través de la expiación y, según se cree, compensándola de esta manera.

También estos procesos, por muy perjudiciales que sean para todos los implicados, son fomentados por enseñanzas y ejemplos religiosos, por ejemplo, la fe en el sufrimiento y en la muerte redentores, y la fe en la purificación del pecado y de la culpa a través del autocastigo o del sufrimiento sobrevenido desde fuera.

La compensación a través de la expiación causa un doble sufrimiento

La expiación sacia nuestra necesidad de compensación. Pero, si la compensación se busca a través de enfermedades, accidentes o de la muerte, ¿qué se logra realmente? En lugar de un perjudicado hay dos, y en lugar de un muerto aún hay otro más. Aún peor: para las víctimas de la culpa, la expiación significa un doble daño y una doble desgracia, puesto que su desgracia nutre otra desgracia, su daño aún causa más daño, y su muerte aún trae la muerte a otras personas.

Pero también hay que tener en cuenta otro aspecto más: la expiación es barata. Al igual que en el pensar y el actuar mágicos, donde la salvación de otros únicamente se gana a través de la propia desgracia, pensando que el propio sufrimiento bastaría para redimir al otro, así también ocurre en la expiación: solo basta con sufrir o morir, sin tener en cuenta la relación ni ver al otro, y sin sentir el dolor por su desgracia teniéndolo presente como persona, y sin que, después, con su asentimiento y con su bendición, haya que hacer nada para otros.

Por tanto, también en la expiación se intenta pagar una deuda devolviendo exactamente lo mismo. También aquí el actuar se sustituye por el sufrir, la vida por la muerte, y la culpa por la expiación, de manera que también aquí bastan el sufrimiento y la muerte sin actuar ni esforzarse. Y al igual que la desgracia, el sufrimiento y la muerte aún aumentan y crecen a través de las frases de «mejor que sea yo que tú» y de «te sigo», una vez realizadas, así también, en el caso de la expiación realizada.

Un hijo, cuya madre murió al darle la vida a él, siempre se sentirá en deuda con ella, ya que ella pagó su vida con su propia muerte. Ahora bien, si el hijo lo expía haciéndose sufrir a sí mismo, es decir, si se niega a tomar su vida aunque sea al precio de la vida de su madre, o si en expiación incluso se suicida, la desgracia resulta doblemente grave para la madre. Así, el hijo no toma el obsequio de la vida que ella le dio, ni tampoco respeta su amor ni su voluntad de dárselo todo. Su muerte, por tanto, fue en vano; aún más: en vez de dar vida y felicidad, aún produciría más desgracia, y en lugar de un muerto habría dos.

Si pretendemos ayudar a un hijo en esta situación, hemos de tener en cuenta que en su interior siente tanto el deseo de expiar como también el deseo de «mejor que sea yo que tú», y de «te sigo». Así pues, únicamente podemos influir positivamente sobre el deseo nefasto de expiar si también logramos encontrar la solución positiva para las frases de «mejor que sea yo que tú» y de «te sigo».

La compensación a través del tomar y de los actos de reconciliación

¿Cuál sería, pues, una solución para este hijo, adecuada para él y para su madre? El hijo tendría que decir: «*Querida mamá, ya que pagaste un precio tan alto por mi vida, que no haya sido en vano; le sacaré provecho, en tu memoria y en tu honor*». En consecuencia, el hijo tiene que actuar en vez de sufrir, rendir en vez de fracasar, y vivir en vez de morir. De esta manera, su unión con la madre sería muy diferente que siguiéndole a la desgracia y a la muerte.

Pereciendo en una unión simbiótica con la madre, su vínculo es tan solo ciego y despersonalizado. En cambio, si realiza algo que fomente la vida, en memoria de su madre y de su muerte, si toma su vida haciendo que también otros participen en ella, su unión con la madre es totalmente distinta: se encuentra delante de ella mirándola con amor, ya que, si de esta manera toma su vida, conduciéndola a su plenitud, el hijo tiene presente a su madre y la lleva en su corazón. Así, de la madre al hijo fluyen la bendición y la fuerza, porque por amor a ella convierte su vida en algo especial.

A diferencia de la compensación procurada a través de la expiación, que no es más que una compensación a través de la fatalidad, del daño y de la muerte, esta sería la compensación positiva. Sin embargo, a diferencia de la compensación a través de la expiación, que resulta barata y perjudicial, que toma sin llegar a la reconciliación, la compensación positiva es cara. Pero ella aporta la bendición, permitiendo que la madre se reconcilie con su destino, y el hijo, con el suyo, ya que lo positivo que el hijo realiza en memoria de su madre se logra a través de ella; a través de su hijo, la madre participa en ello. Ella sigue viviendo y actuando en los actos de su hijo.

A diferencia de la compensación mágica, esta sería la compensación que corresponde a la tierra. Sigue a la comprensión de que nuestra vida es única y que, pasando, hace sitio para la vida futura, y, aunque ya haya pasado, nutre la vida presente.

La expiación sustituye la relación

Mediante la expiación evitamos encarar la relación, ya que a través de la expiación tratamos la culpa como un asunto en el que se paga el daño con algo que nos cueste personalmente. Pero ¿qué puede conseguir esta expiación cuando he cometido una injusticia con una persona, llevándola a la desgracia y causándole daños irreparables? Solo puedo procurar mi propia descarga a través de la expiación dañándome a mí mismo y perdiendo de vista al otro, puesto que, si centro mi atención en el otro, tengo que reconocer que con mi expiación pretendo borrar algo que no puede ser disuelto.

Lo mismo se aplica a la culpa como responsabilidad personal. Frecuentemente, una madre pretende expiar un aborto o la pérdida de un hijo por otras razones contrayendo una enfermedad mortal o abandonando la relación con el marido y padre del niño, o renunciando a relaciones posteriores. También la expiación de una culpa personal se realiza de manera inconsciente, incluso a pesar de su negación o de la explicación a un nivel consciente.

A veces, aparte de la necesidad de expiación, las madres desarrollan el deseo de seguir al hijo muerto, de la misma manera que un hijo desea seguir a su madre muerta. Pero —así podemos suponer— también un hijo que murió por culpa de la madre le dice: «Mejor que sea yo que tú». Así pues, si la madre, para expiar su culpa, cae enferma o muere, la muerte del hijo ofrecida por la madre fue en vano.

También en la culpa personal la solución consiste en sustituir la expiación por actos de reconciliación. Esto se logra mirando a los ojos a la persona que fue tratada injustamente o a la que se causó un daño grave. Así, por ejemplo, la madre debe mirar al hijo abortado, o no reconocido, o abandonado, hasta que aparezca ante ella como una persona real, y decirle: «*Lo siento*». Y: «*Ahora te doy un lugar en mi corazón*». Y: «*Lo reparé hasta donde aún pueda hacerlo*». Y: «*Quiero que participes en lo bueno que hago en tu memoria, pensando en ti*». Así, la culpa no sería en vano, ya que lo bueno que la madre —o quienquiera que sea— realiza en memoria de este hijo, teniéndolo presente, se realiza con el hijo y a través de él. Este tiene parte en los actos de la madre y, durante un tiempo, permanece unido a ella.

En la Tierra, la culpa pasa

Y aún otro aspecto merece especial atención en el tema de la culpa: esta pasa, y debe tener la posibilidad de pasar. Solo ante el Cielo existe la culpa eterna; en la Tierra es efímera y, como todo en la Tierra, realmente pasa al cabo de un tiempo.

La enfermedad como expiación, en lugar de otra persona

Frecuentemente, la culpa y la expiación son asumidas en lugar de otros miembros de la familia o de la red familiar. Así, también en relación a la culpa o a la expiación, un hijo o un cónyuge dicen «Mejor que sea yo que tú», tomando sobre sí la culpa y sus consecuencias si otros se niegan a hacerlo.

En un grupo, una madre contó que se había negado a acoger en su casa a su madre anciana, llevándola a una residencia. La misma semana, una de sus hijas desarrolló una anorexia, empezó a vestirse de negro y a visitar una residencia geriátrica para cuidar a personas ancianas dos veces a la semana. Pero nadie, ni siquiera la hija, se había percatado de la relación entre ambos hechos.

Del Cielo que enferma y la Tierra que sana

La enfermedad como consecuencia de la negación de tomar a los padres

Otra actitud que conduce a enfermedades graves es la negación del hijo a tomar a sus padres con amor y a honrarlos como sus padres. Tales hijos se elevan sobre la Tierra porque ante un Cielo u otra instancia superior se consideran mejores y elegidos. Así, por ejemplo, existen casos de enfermos de cáncer que prefieren morir antes que inclinarse ante su madre o su padre.

Honrar a los padres

Honrar a los padres significa tomarlos tales como son, y honrar la vida significa tomarla y amarla tal como es: con el principio y el final, con la salud y la enfermedad, con la inocencia y la culpa. Esta, sin embargo, es la realización auténticamente religiosa, que antes se llamaba entrega y adoración. La experimentamos como último desprendimiento, que da todo y toma todo, y que toma todo y da todo −con amor.

A este respecto aún contaré una historia. Podría titularse «Felicidad dual», pero aquí la llamo:

Ser y No-ser

Un monje que andaba buscándose
pidió a un mercader
una limosna.
El mercader, por un momento, lo miró
y preguntó al dársela:
−¿Cómo puede ser que tú
me tengas que pedir a mí

aquello que te falta para tu sustento,
y, al mismo tiempo, me menosprecies a mí
y también mi vida,
cuando nosotros te concedemos lo que necesitas?
El monje respondió:
–Comparado con lo Último que busco,
todo lo demás parece poco.
El mercader, empero, volvió a preguntar:
–Si un Último existe,
¿cómo puede ser algo
que pueda buscarse o encontrarse,
como si al final de un camino se hallara?
¿Cómo podría uno
salir a su encuentro y,
como si entre otras muchas cosas fuera una,
apoderarse de ello?
¿Y cómo, por otra parte,
podría uno volverle las espaldas
y, menos que otros,
ser llevado por ello
o estar a su servicio?
El monje contestó:
–Lo Último encuentra
el que renuncia
a lo cercano y lo presente.
El mercader, empero, siguió razonando:
–Si un Último existe,
es próximo a cada uno,
aunque, como en todo Ser un No-ser
y en todo Ahora un Antes y un Después,
esté escondido
en aquello que aparece
y permanece.

Del Cielo que enferma y la Tierra que sana

Comparado con el Ser,
que experimentamos como pasajero y limitado,
el No-ser nos parece infinito,
igual que el De Dónde y el Adónde
comparado con el Ahora.
El No-ser, sin embargo,
se nos revela
en el Ser,
igual que el De Dónde y el Adónde
en el Ahora.
El No-ser, como la noche
y la muerte,
es principio sin conocimiento,
y solo brevemente,
igual que un relámpago,
nos destella su mirada
en el Ser.
Así, lo Último
también a nosotros
se nos acerca solo en lo próximo,
y resplandece
ahora.
Ahora también el monje preguntó:
—Si lo que dices fuera la verdad,
¿qué quedaría aún
para ti y para mí?
El mercader le dijo:
—Aún nos quedaría
por un tiempo
la Tierra.

EXPERIMENTAR LO DIVINO[1]

Imágenes de Dios

Los órdenes del amor que experimentamos en nuestras relaciones humanas también actúan sobre nuestra relación con la vida, con el mundo como todo, y sobre nuestra relación con el misterio que detrás de él atisbamos. Por tanto, podemos referirnos al Todo misterioso como un hijo se refiere a sus padres. Así, buscamos a un Dios Padre y a una Gran Madre, creemos como un niño, esperamos como un niño, confiamos como un niño, amamos como un niño. Y como un niño también lo tememos, y como un niño quizá también tengamos miedo de saber.

O nos referimos al Todo misterioso como a los antepasados y a la red familiar, sabiéndonos consanguíneos suyos en una comunidad de los santos; pero, al igual que en la red familiar, también nos experimentamos como expulsados o elegidos, de acuerdo con una ley implacable, sin que podamos comprender su sentencia ni influir sobre ella.

O nos comportamos con el Todo misterioso como si en un grupo de iguales nos encontráramos, convirtiéndonos en sus colaboradores y representantes, aceptando y negociando con él,

---

1. El presente texto se basa, en gran parte, en sendos coloquios realizados durante un congreso sobre Fundamentalismo y Arbitrariedad en el Campo de la Ciencia y la Terapia, el 3 de mayo de 1996, en Heidelberg (Alemania), y el Primer Congreso de Psicoterapia «The World of Psychotherapy», el 3 de julio 1996 en Viena (Austria).

haciendo una alianza y reglamentando por contrato los derechos y los deberes, el dar y el tomar, la ganancia y la pérdida.

O nos comportamos con el Todo misterioso como si estuviéramos en una relación de pareja, en la que hubiera un amado y una amada, un novio y una novia.

O nos comportamos con el Todo misterioso como padres con su hijo, diciéndole lo que acaba de hacer mal y lo que tendría que hacer mejor, cuestionando su obra y, si este mundo no nos parece bien de la manera que es, pretendiendo salvarnos a nosotros mismos y salvar a otros de él.

O, por lo contrario, al referirnos al Misterio de este mundo dejamos atrás los órdenes del amor que conocemos, abandonándonos al olvido, como si ya estuviéramos en el mar y todos los ríos hubieran alcanzado su fin.

Lo espiritual

A veces me encuentro con personas que me preguntan si mi trabajo con constelaciones familiares se puede considerar espiritual.

Por regla general, suelo evitar la palabra «espiritual» siempre que puedo, porque es muy abusiva. Y la mayoría de los que se llaman espirituales se han negado a la purificación. Pensando, por ejemplo, en San Juan de la Cruz, que estuvo caminando durante veinte años por la noche oscura del espíritu, se sabe lo que significa y que es algo que no se puede explicar. Es algo a lo que uno se ve obligado, a esa purificación, y una vez que la persona ha pasado por ella ya no lo menciona. Quien habla de eso, por regla general no ha pasado por la experiencia.

Grosso modo –y quizá sea un poco arrogante decirlo así–, de lo divino tenemos una intuición: es más familiar al No-Ser que al Ser. Se halla muy lejos, y cuando dejamos que aquello que está muy lejos envíe sus rayos a nuestro propio interior, cuando permitimos que vaya actuando, aporta una gran tranquilidad. Pero no nos da las instrucciones para actuar, y me atrevo a decir que de ello no hay ninguna revelación.

En cambio, aquello que actúa, aquello de donde nos vienen las instrucciones para actuar, es lo que suelo llamar el alma. El alma tiene algo que ver con el Ser, y lo divino, con el No-Ser. Puedo ofrecer una imagen: todo aquello que *es* está rodeado de un No-Ser, y aquello que es el No-Ser, en comparación con el Ser, es mucho más grande, es infinito. Todo lo que *es* es finito. Lo que está más allá del Ser es el No-Ser, pero es efectivo. A través del reconocimiento del No-Ser, aquello que *es*, el Ser, gana grandeza, pero sin que el No-Ser actúe directamente; es simplemente el reconocimiento el que causa ese efecto. Este sería para mí el ámbito de lo espiritual.

El alma, en cambio, *es* y yo me puedo entregar a su obrar. Sin embargo, el alma actúa a diferentes niveles: a un nivel superior, y, luego, a un nivel muy profundo. En mi trabajo, poco a poco he ido bajando a ese nivel más profundo que se va mostrando, y quizá haya aún otro nivel más, al que ahora me voy acercando, pero aún no lo puedo captar. Se tiene que manifestar en el trabajo; por eso me es tan importante que estas comprensiones resulten de la vivencia. Sin este trabajo yo no podría reconocer todo esto, uno no se lo puede simplemente imaginar, hay que verlo en la experiencia. Por eso también maduramos con este tipo de trabajo, es un profundo desarrollo humano, un estar en sintonía con las profundidades.

Una última pregunta sería si el alma, también la Gran Alma, es eterna o efímera. Quizá sea efímera.

Del Cielo que enferma y la Tierra que sana

Religión en concordancia

Tengo un concepto de la religión que suelo definir como «religión en concordancia con el mundo tal como se muestra». Cuando alguien dice «Estoy en concordancia con el mundo tal como se muestra», significa: «Estoy contento con el mundo tal como es. Estoy contento conmigo mismo, tal como soy. Estoy contento con los demás, tal como son. Estoy reconciliado con aquello que es terrible, por ejemplo, con la muerte, la culpa, el destino. Estoy en concordancia». Esta sería para mí una actitud religiosa. En esta actitud me aparto de mí mismo, abriéndome a una amplitud, sin querer comprenderla. Abro mi mirada para un horizonte más amplio, doy unos cuantos pasos hacia delante, y después me paro. Me expongo al misterio, por ejemplo, a la muerte, o a la culpa, o al destino, sin querer intervenir. En ese momento me encuentro centrado ante el Todo, tal como aparece ante mi mirada o ante mi sentimiento. Esta actitud es muy humilde, porque no quiero absolutamente nada. En lugar de querer influir, yo mismo me dejo influir por aquello que se muestra y me llega. Por ese mismo motivo, tampoco me creo ninguna imagen de Dios o de aquello que se encuentre en su lugar, sino que resisto el misterio religioso. Resisto el vacío.

Esta sería una actitud religiosa para mí, una actitud que tiene un efecto curioso: al final me encuentro a un mismo nivel con todo. Soy uno más entre los muchos, y cada uno tiene el mismo valor, se encuentra en la misma posición de alguien que no sabe y, a pesar de todo, se abre ante un algo más grande, sin pretender comprenderlo. A esta actitud la llamo humildad. No querer saberlo, sino aguantar. Quien adopta esta posición –y esto se puede observar– gana fuerza, una fuerza que le viene de la concordancia. Así, la persona no se opone a la realidad tal como se muestra, sino que se halla sostenida por ella.

Psicoterapia en concordancia

Describiendo esta actitud religiosa, también acabo de describir una actitud psicoterapéutica. Es la actitud de alguien que no pretende salvar a la gente de acuerdo con un determinado patrón, por muy bueno que sea, sino que se expone a una realidad, esperando que esta realidad actúe en cuanto tenga la posibilidad de hacerlo, puesto que ahora ya no se tapa con imágenes o con intenciones propias, ni tampoco con ningún miedo propio. Únicamente sale a la luz.

El miedo ante Dios

Los miedos que rodean la religión y a Dios tienen algo que ver con condena o elección. Estos son los miedos principales: «¿Seré condenado?», y «¿cómo encuentro a un Dios misericordioso?» Así lo expresa Lutero. Es decir, en estos miedos siempre se trata de pertenencia o de condena y expulsión.

Ahora bien, se puede observar que independientemente de la respectiva imagen de Dios, sea en una familia judía, o en una hindú, o en una musulmana, o en una católica, o en una protestante, el miedo siempre es el mismo. Por tanto, no tiene que ver con una determinada imagen de Dios, sino con que la fe en Dios, en muchos grupos, constituye una condición para la pertenencia al grupo decisivo para nuestra supervivencia. Renegar de Dios, por tanto, significa renegar de la familia y de sus valores, lo cual lleva consigo la exclusión de esa familia. Por eso, muchos de los miedos que se proyectan sobre Dios son los miedos de un niño en el seno de una familia.

El misterio

La afirmación «estamos al servicio de fuerzas superiores» naturalmente es una afirmación religiosa. No obstante, quisiera diferenciarlo. A veces nos hacemos determinadas imágenes de Dios. Así, por ejemplo, decimos: «Tiene que ser justo». Y después juzgamos al mundo de acuerdo con esa imagen, diciendo: «Si el mundo está así, Dios no puede ser justo». O decimos «Dios es amor», para después llegar a conclusiones similares.

Sin embargo, también puedo renunciar totalmente a cualquier afirmación acerca del misterio que se halla detrás del mundo y del ser, obrando ahí. Toda persona percibe que ahí hay un misterio que nos es incomprensible.

Muchas filosofías son intentos de manejar este misterio o de representarlo. Ahora bien, cuando veo las contradicciones en el mundo tal como es –por ejemplo, las guerras o los exterminios en masa–, viéndolas como algo que forma parte, sin arrogarme el derecho de condenarlo como una fatalidad, sino simplemente dejándolo, inclinándome y sometiéndome a ello tal como es, esta actitud me permite abandonar la lucha interior y estar en concordancia con las contradicciones. En ese momento estoy centrado y ya no necesito librar ninguna batalla contra nadie, ni siquiera contra un perpetrador, por muy vil que sea. Así, tampoco necesito iniciar ningún movimiento para mejorar el mundo, en el sentido de «debería ser diferente de lo que es».

Esta es la actitud fundamentalmente religiosa para mí. Cuando digo que «estoy en concordancia con el mundo» o que «estoy al servicio de algo más grande», naturalmente no son más que metáforas que pretenden acercarnos a una actitud de respeto o de devoción ante un misterio ante el que nos detenemos.

Lo curioso es que, adoptando esta actitud, a veces, desde la concordancia puedo lograr algo que supera en mucho mi planificación. Por tanto, si quisiéramos, también podríamos decir que en ese momento actúa una fuerza religiosa. Esta actitud es muy humilde. Si pretendo lograr algo, en el sentido de reconciliar a otras personas, esta contención es más efectiva que toda planificación.

La actitud religiosa

El respeto ante lo más íntimo –y lo religioso es lo más íntimo– es la base fundamental del diálogo religioso. En el ámbito de lo religioso, para mí no existe ni lo verdadero ni lo falso, porque todos se mueven a tientas. Por tanto, cuando una persona encuentra seguridad y apoyo en una imagen religiosa, tengo que respetarla. Frecuentemente, los contenidos difieren mucho en las diversas religiones. Pero las actitudes y la fuerza que el individuo saca de ellas son idénticas e igualmente profundas.

No obstante, quisiera transferirlo aun a otro nivel distinto. Los siguientes planteamientos me parecen lo decisivo en la actitud religiosa: ¿Cómo veo la muerte, cómo veo la culpa, y cómo veo el destino? Mucho de lo «religioso» no es más que el intento de mitigar la vehemencia de la muerte, del destino, del sufrimiento y de la culpa, de manera que la persona ya no necesita encararlos con toda la envergadura que en un principio tienen.

A veces, la psicoterapia adopta una actitud similar cuando pretende mitigar algo amenazante, interpretándolo o transfiriéndolo a otro contexto, impidiendo así que el individuo encare lo grave plenamente.

Para mí, en psicoterapia, cuando ya no se trata únicamente de determinados síntomas, sino de una orientación fundamental, uno de los primeros procesos es ayudar a la persona a encarar el final y a mirar de frente a la muerte, tranquilamente. Esta es una actitud religiosa llena de fuerza. Aquí no hay ningún intento de minimizar nada o de hacerlo desaparecer. Quien tiene esta actitud ya no da mucha importancia a las imágenes religiosas. Lo mismo se aplica a la actitud ante los diversos destinos, o ante el bien y el mal, o ante perpetradores y víctimas: me expongo a la dualidad, mirando lo uno y lo otro tranquilamente y sin pretender suprimir las contradicciones. De lo contrario, interfiero en algo grande como si pudiera hacerlo.

El camino

En la mística existe el principio de que uno inmediatamente deja atrás cualquier experiencia religiosa que acaba de hacer, de manera que el camino siempre sigue libre hacia la apertura. Por tanto, cuando alguien comenta que acaba de hacer una experiencia religiosa, me lo miro con mucha cautela. Para mí es una experiencia. Si es religiosa, queda por ver.

Para lo religioso tengo diversas imágenes. La primera sería el camino. En el camino se avanza dejando atrás todo lo que hubo hasta ahora. La segunda imagen es que no hay ningún camino de ningún tipo. Únicamente hay que detenerse, porque ya se tiene todo lo que se necesita.

«Dios ha muerto»

La pregunta es la siguiente: ¿existe un fundamento para la religión?

Nietzsche dijo: «Dios ha muerto». Algunos han tratado esta afirmación como si fuera gratuita. Para mí, sin embargo, se muestra cada vez más que con esta frase expresó una observación: que algo que antes estaba ahora está muerto, que ha desaparecido. De repente hay un vacío.

Así, por ejemplo, para muchos, Dios ha abandonado la Biblia. Puedo ver que antes se hallaba allí. Muchos hombres y mujeres lo encontraron allí; por ejemplo, Bach en su música, o algunos de los grandes poetas. Para los hombres de hoy en día, sin embargo, la unión con Dios para crear música o poesía ya no se da con la misma naturalidad que en aquel entonces. Antaño, Dios también estaba en las iglesias. De repente, sin embargo, muchas personas experimentan las iglesias como vacías, como si algo las hubiera abandonado.

Para mí, lo religioso debería mostrar ahora su validez encarando este vacío, encarando esta ausencia. Esta sería para mí la más profunda realización religiosa posible, sin fundamento. No obstante, proporciona una seguridad totalmente distinta.

Teología feminista

Me causa malestar cuando se propaga una teología feminista, o cuando se intenta presentar a Dios como figura femenina. Todo esto desvía la atención de aquello de lo que realmente se trata, ya que al final nos hallamos ante un misterio que obra más allá de estas distinciones.

Experiencia divina en la psicosis

Alguien contó de un paciente que en la psicosis tenía experiencias divinas, y la terapeuta no sabía cómo manejarlo. Este sería un ejemplo para ilustrar la interacción entre psicoterapia y conocimiento religioso.

Como terapeuta, mi primera intervención sería averiguar dónde en la familia hubo dos actitudes religiosas opuestas. A continuación, elegiría a representantes para aquellas dos personas que defendían las actitudes opuestas, y los pondría el uno al lado del otro. Después, le pediría al paciente que abrazara a ambos y que se imaginara que lo opuesto confluye en su interior formando una unidad. Finalmente, se daría la vuelta y cada uno de los representantes le pondría una mano en el hombro. De esta forma se resolvería, quizá, la división. Esta sería la medida psicoterapéutica.

Sin embargo, para manejarlo bien, también habría que saber algo de las grandes tradiciones religiosas y de las comprensiones que se lograron en la espiritualidad occidental. Algo similar también se aplica a la mística islámica.

En primer lugar, el místico debe saber que toda experiencia religiosa es provisional. Uno de los principios de la mística dice: deja atrás inmediatamente toda experiencia de este tipo y ábrete para algo desconocido. De este modo me libro de la tentación de tomar en serio una experiencia así. Del conocimiento de esta tradición occidental, el terapeuta saca la fuerza de mantenerse distante de tales experiencias, tranquilamente, y de facilitarle algo a la otra persona que le ayude a desprenderse de ellas.

La cautela

Esta mañana, en una ponencia, alguien se refirió a la conciencia como el nivel intermedio entre lo humano y lo divino. Desde hace mucho tiempo vengo observando detenidamente las maneras en que la conciencia actúa. Así he podido comprobar que la mayor parte de aquello que comúnmente se define como conciencia en el fondo no es más que una presión que el sistema al que pertenecemos ejerce para conseguir nuestra adaptación. Es decir, en el fondo, la conciencia sirve al vínculo con el sistema del que provenimos. Esta presión es tan fuerte que toda desviación de los valores de este sistema se vive como una culpa.

Esta conciencia no tiene ninguna dimensión religiosa. Quien aquí sigue a su conciencia se halla determinado por fuerzas ajenas, es decir, por el sistema al que pertenece. A través de la vinculación con el grupo, en el alma existe tal confusión de sentimientos y de conceptos, que la purificación —tal como la mística la exige— tiene que ir aún más lejos, ya que, en la mística, esta purificación se concebía como un proceso intrapsíquico, y, también en psicoterapia, en gran parte se concibe a un nivel intrapsíquico. Esta purificación se logra cuando una persona, a través de la reconciliación, se desapega interiormente de los vínculos con la familia.

Una vez logrado este paso, se llega a un punto en el que se experimenta: estoy al servicio de algo, muy personalmente. O: tengo una vocación. En ese punto, de repente y de lo más profundo, surgen determinadas comprensiones que espantan a la persona. Entonces, uno se ve impulsado a hacer algo que a otros quizá les parezca extraño, pero que uno experimenta como un cumplir con un cometido que uno mismo no comprende.

Este sería, pues, el punto más próximo a la llamada experiencia religiosa —de momento lo diré así, ya que estoy convencido de que también frente a esta experiencia hay que guardar la máxima discreción y cuidarse de llamarla religiosa. Es decir, aún hay que intercalar otro espacio más entre aquello que experimento y el misterio que quizá esté actuando detrás. Solo en esa máxima contención —que también es un desprendimiento de mis propios sentimientos y experiencias— actúa una fuerza extraña. Únicamente esto sería la concordancia. Esta concordancia está muy cerca de la Tierra. Eso es lo extraño en ello.

A este respecto aportaré un ejemplo. Hace poco tuve a un participante en uno de mis grupos que, de joven, sufrió un accidente de moto que él mismo causó. Él resultó gravemente herido, su acompañante se rompió ambos brazos. En ese accidente, el hombre tuvo la experiencia de estar desligado de su cuerpo

59

y de poder observar todo lo que le pasaba, como si estuviera flotando encima de sí mismo, y lo consideraba una experiencia religiosa. Sin embargo, se había separado de su familia a la ligera. Le dije: «Te negaste a volver a la tierra. Las consecuencias para tu familia son fatales. Te quedas totalmente desconectado». Para él, la realización religiosa hubiera sido volver a la realización normal y corriente, conscientemente. Por eso, cuando alguien habla de una experiencia religiosa, lo veo con un cierto escepticismo.

RESPUESTAS

La compensación

En cualquier sistema humano existe una profunda necesidad de compensación en su propio seno. Esta necesidad frecuentemente sobrepasa los límites dados. La necesidad de compensación está al servicio de la relación. Así, por ejemplo, cuando en la familia el hombre le hace un bien a su mujer, ella acaba sintiéndose presionada a compensar lo recibido. Así, también le hace algún bien y dado que lo ama, le da un poco más de lo que él le dio. Ahora es el hombre quien nuevamente se siente presionado y le da algo más, y así, la unión entre la necesidad de compensación y el amor lleva a un intercambio cada vez más intenso. Sobre este fundamento se basa la felicidad en una relación, y de ahí la importancia de la necesidad de compensación.

Sin embargo, es significante únicamente dentro de unos límites muy determinados. Así, por ejemplo, donde una persona se salva de la muerte, por regla general siente la necesidad de compensar este hecho. Es decir, la persona empieza a pagar por la salvación, por ejemplo, con otra enfermedad. A veces incluso lo paga suicidándose. De esta forma tratamos el destino como si fuera una persona cuya clemencia pudiéramos ganar pagando.

Muchos también proceden así con Dios. Hay religiones enteras basadas en esta idea de que algo tiene que ser compensado; solo cuando se compensa, todo acaba bien. ¡Qué imagen de Dios se halla detrás de la idea de tener que pagar para que Dios haga algo! Es un absurdo. Algo similar ocurre en la compensación a través de las generaciones. Cuando, por ejemplo, unos padres cometieron un crimen, los hijos empiezan a pagarlo, aunque en realidad no se trata de su propia culpa. O también aparecen otros, exigiendo que los hijos empiecen a pagar la culpa de los padres, como si pudieran hacerlo. Aquí hay que poner límites y la compensación tiene que terminar al cabo de un tiempo.

Muchas guerras surgen por la pretensión de compensar algo posteriormente, alguna injusticia que ocurrió en un pasado, y así se da una nueva injusticia, y la cadena sigue. La paz se establece cuando lo pasado puede ser pasado. Este es también un punto importante aquí, en el trabajo con constelaciones familiares: sacamos a la luz algo pasado para luego despedirlo. Después ya no se debe volver sobre ello. Algunos, con la solución ya en las manos, vuelven la mirada hacia el problema; de esta forma, fácilmente se pierde la solución.

La buena solución es que la persona tome el destino bueno como un regalo inmerecido. De esta forma también se siente presionado, pero esta presión, en vez de impulsarlo a la compensación negativa, le da fuerzas para hacer algo bueno y bello. Así, lo bueno se convierte en agradecimiento para él.

La religión natural

Dado que todo hombre y toda mujer se adhieren a su religión de manera casi idéntica, manteniéndose leales con ella y participando en sus ritos y fiestas, la adhesión y la convicción religiosas no pueden fundamentarse en una religión concreta, sino en una experiencia común a todas las personas, antepuesta y anterior a cualquier religión particular.

Que la religión y el ejercicio religioso requieren una purificación siempre ha sido un hecho conocido en la espiritualidad y en la mística cristianas. Lo mismo se demuestra también en psicología: por ejemplo, que la imagen interior de un Dios que atemoriza muchas veces es la imagen interiorizada del padre o de la madre, o que la voz de la conciencia, como voz interiorizada del padre y de la madre, también se transfiere a Dios. Tampoco se puede pasar por alto el hecho de que, en el cristianismo, los buscadores de Dios muchas veces no tienen padre, o que no experimentaron a su padre como padre, por lo que la búsqueda de Dios corresponde a la búsqueda del niño que anhela encontrar a su padre. En las personas que se sienten seguras de su padre, también la búsqueda de Dios se calma.

La «madre Iglesia» controla el acceso al padre. En la Iglesia protestante, la Biblia ocupa esta posición de la madre celosa.

Conversión y apostasía

Toda nueva religión, desde el punto de vista de su fundador, es una apostasía de lo existente, de su familia y de su cultura, aunque a veces parezca como una vuelta a los orígenes. Toda conversión a una religión, para el converso, significa una apostasía de su familia y de su cultura, quizá incluso de su pueblo. Por tanto, esta conversión se vive también como una culpa.

En algunos movimientos de resurrección, la conversión significa justamente lo contrario. Es la sumisión a la familia, al clan, a la Iglesia, renunciando a cualquier pensar, sentir y querer propios. De ahí la diferencia en los efectos: la conversión como apostasía significa coraje para lo nuevo. Da miedo, obliga a avanzar solo, se orienta hacia delante y es progresiva.

La conversión como sumisión hace feliz, une, se vive como inocencia, se orienta hacia atrás y es regresiva.

La perfección

La perfección es un concepto importante. En la espiritualidad, la perfección es un concepto importante. En los conventos, el afán de perfección es el ideal supremo. De forma secularizada, el afán de perfección también se conoce en psicoterapia, por ejemplo, en el afán de analizarse hasta el final. Una vez analizado hasta el final, uno es perfecto –así se piensa. El afán de autorrealización también es un afán de perfección.

Ahora bien, yo he descubierto algo sobre la verdadera perfección: comienza con que la persona se ame a sí misma tal como es. Muchos se encuentran divididos en su interior. No están satisfechos con ellos mismos. Si uno trata de averiguar los motivos, se puede ver que estas personas han desterrado de su corazón a uno de sus padres, o incluso a ambos. De esta manera, cortan el acceso a la fuente de su vida. Cuando alguien se encuentra desconectado de uno de sus padres, tan solo cuenta con la mitad de su fuerza vital, y, cuando uno cuenta tan solo con la mitad de su fuerza vital, se vuelve depresivo. La depresión es un sentimiento de vacío, no de tristeza o de dolor. Una sensación de vacío indica la falta de uno de los padres. Así, el corazón solo se llena a medias.

La persona puede amarse tal como es cuando respeta y ama a ambos padres, y donde así se logra, se vive como una gracia. No puedo proponérmelo, como si pudiera manejarlo. Si se logra, se vive como un regalo. Así, el sentimiento básico se convierte en plenitud y en serenidad, y la depresión se acaba.

Bien, este sería el primer nivel de la perfección. El segundo nivel de la auténtica perfección se alcanza cuando todos los que forman parte de mi sistema tienen un lugar en mi corazón. Entre ellos cuentan los abuelos, los tíos, todos los que hicieron sitio para mí, los expulsados, todos los que tuvieron una suerte fatal, los despreciados, y todos los demás que pertenezcan al sistema. Aunque solo uno de ellos quede excluido, me sentiré incompleto. Cuando todos ellos están en mi corazón, me siento completo y perfecto. Esta auténtica perfección tiene unos efectos maravillosos. En cuanto la alcanzo, me siento tanto pleno como también libre.

Los caminos de la mística en la vida cotidiana

1. *El camino de la purificación* exige la despedida de los padres, de las ilusiones y de las implicaciones en los destinos de la familia; la despedida de los sentimientos secundarios y ajenos, y del reproche; el asumir las propias posibilidades, los propios límites, la propia responsabilidad y la propia culpa. El asentimiento al mundo tal como es, y tanto la disposición de tomar como la de dar.

2. *El camino de la iluminación* exige el actuar normal y corriente en la profesión, en la pareja, en la paternidad; y exige encontrar el propio camino y seguirlo.

3. *El camino de la unión* se logra en la confianza en la percepción como regalo, en el saber como regalo, en la felicidad como regalo, en la valentía como regalo, en la fuerza como regalo y en el éxito como regalo.

El servicio

Estoy profundamente convencido de que cada uno de nosotros se halla al servicio de algo más grande, sea como sea. Por tanto, tampoco nadie puede sustraerse a este servicio. Ni siquiera por una culpa. Cuando alguien se hace culpable, se le requiere para el servicio a través de la culpa. Esto es difícil de encajar. Si el culpable lo ve así y dice «Estoy llamado a un servicio a través de mi culpa, y a pesar de todo, llevo las consecuencias» —ya que esto forma parte—, la persona está en perfecta concordancia. También como culpable o como malo. Así, la pregunta por la responsabilidad resulta vana. No es cuestión de la libertad personal de cada uno si es bueno o malo. El llamado bueno, quizá tenga la suerte mejor, pero no es superior. En lo más profundo existe una concordancia elemental entre todos los hombres; allí, todos los hombres son iguales. Todos están llamados a un servicio: el uno, de una forma; el otro, de otra. Así puedo sentir empatía para cada uno, porque me pongo a su lado. Puedo sentir con los malos, puedo sentir con los enfermos, puedo sentir con los grandes. Puedo ponerme a su lado. De esta sintonía con lo más profundo nace la fuerza, y con esta fuerza se puede conseguir mucho.

La devoción

Quisiera decir algo de la relación entre psicoterapia y religión. En el ámbito de la religión, mirándolo sin prejuicios, se puede ver qué ocurre en el alma cuando una persona se experimenta como religiosa. La experiencia religiosa empieza donde alguien topa con un límite, detrás del cual no puede mirar ni tampoco puede llegar ni con sus conocimientos, ni con sus deseos, ni con sus miedos. Para mí, la actitud religiosa adecuada sería detenerse ante este límite y respetar el misterio que se halla detrás. Eso significa tanto devoción como humildad. De esta actitud nace una gran fuerza, justamente porque el misterio es respetado.

Algunos no lo soportan, este algo incierto, grande, que quizá intuyamos pero no podemos captar. Reflexionan acerca de aquello que se halla detrás, o intentan influir sobre ello con ritos, con sacrificios, con oraciones o con lo que sea. Esta es la religión tal como la experimentamos en la mayoría de los casos, pero es diferente de la religión que acabo de describir en un principio, ya que rehúye el misterio y su fuerza y su distancia inaudita.

También la psicoterapia existe bajo ambas formas. Hay una psicoterapia que actúa como si pudiera saltarse los límites y dominar y cambiar los destinos. Y hay una psicoterapia que se para ante el misterio y lo toma en serio, tal como es. Así, por ejemplo, toma en serio el hecho de que una persona se vaya a morir porque está enferma.

No intenta hacerle creer que con determinadas psicoterapias pueda librarse de esa enfermedad y de esa muerte, sino que la lleva hasta ese límite y espera. Así, el terapeuta se mantiene respetuoso, permanece centrado y humilde, y dispone de una fuerza mucho mayor que si intentara darle un giro al destino.

La psicoterapia que aquí muestro es de este tipo. Por eso tiene una dimensión espiritual o religiosa, pero únicamente en este sentido, de detenerse ante el misterio y de respetarlo.

Plenitud

Pregunta: ¿Qué se hace con el anhelo de plenitud? o ¿qué representa?

Respuesta: El anhelo de plenitud o de perfección –también se podría llamar así– es un anhelo sanador, y te puedo decir cómo se alcanza la perfección, la plenitud, ¿de acuerdo? De hecho, es algo muy simple. Algunos se retiran al desierto durante 40 años para alcanzar la perfección. Lo que yo he podido descubrir de la perfección, sin embargo, es algo muy sencillo: cuando cada uno que forma parte de mi familia, tanto de los vivos como de los muertos, tiene un lugar en mi corazón, yo me siento pleno. Y mientras alguien permanezca excluido, aunque solo sea una persona, me siento incompleto. Lo curioso en la plenitud es que, una vez que se encuentran todos reunidos en mi interior, quedo libre.

Del Cielo que enferma y la Tierra que sana

Sanación y salvación

Pregunta: Antes, mientras estaba allá delante, tenía la sensación de que en el fondo lo importante no era tanto la historia exacta que allá delante se estaba desarrollando, sino más bien el sentimiento de la persona que en ese momento estaba trabajando. Que se trata de resolver su destino. ¿Hay algo de cierto en todo esto?

Respuesta: Sí. Todo está orientado hacia la solución. Si entremedio hay algo equivocado o acertado, no tiene ninguna importancia. En cuanto nos orientamos hacia la solución, la alcanzamos, aunque sea por algún desvío.

Pregunta: De manera que la sanación todavía es algo totalmente distinto de lo que en muchos casos nos parece. Tenía la sensación de que eran unas leyes que aquí se evidencian, leyes que únicamente captamos en parte, y que algunos puntos permanecen totalmente oscuros. Me parecía que en algunos casos la sanación es absolutamente incomprensible.

Respuesta: Para mí es incomprensible. Pero es una diferencia importante si me centro en la sanación, sobre todo, en la sanación física, o si mi interés se centra en que algo se arregle en un sistema. Donde esto se logra, se vive como una dicha y una liberación. Es esto a lo que apunto inmediatamente. Y de aquí también resultan consecuencias para el cuerpo, unas veces más, otras, menos.

Vemos que hay pacientes que caen enfermos o pretenden suicidarse por amor a sus familias; si estas personas logran librarse de esta presión, finalmente se encuentran cobijados en sus familias de una forma muy distinta que antes. Si ya antes estaban dispuestos a morirse, en esta vinculación no lo estarán menos, si la enfermedad así lo conlleva. Pero a partir de ese momento encaran la enfermedad de otra manera; la salud ya no es el bien supremo.

Muchos médicos y enfermos actúan como si la salud fuera el bien supremo –pero no es así. O como si la vida fuera el bien supremo –tampoco lo es. El alma tiene un baremo distinto. Si admitimos que al lado de la salud también el estar enfermo es significativo y grande, y que el morir, en su momento, es significativo y grande, uno puede tratar la enfermedad y la muerte con más serenidad.

La frase filosófica más antigua de Occidente es de un tal Anaximandro. Heidegger escribió un extenso tratado sobre esta frase, sondeando sus profundidades. En su traducción habitual, la frase dice así: «De donde las cosas tienen su origen, hacia allí deben sucumbir también, según la necesidad; pues tienen que expiar y ser juzgadas por su injusticia, de acuerdo con el orden del tiempo».

Lo cual significa que quien sujeta su vida más allá de su tiempo peca contra el ser. Nos movemos con el cauce del vivir y con el cauce del morir. Esta es la gran concordancia. En este fluir se dan tanto la salvación y la sanación como también la enfermedad y la muerte. Así tenemos una actitud diferente ante la vida y la muerte.

El bien supremo

Pregunta: Si para el alma el bien supremo no es necesariamente la vida ni la salud, ¿sería entonces el amor?

Respuesta: Para el niño es el amor, en el sentido de «quiero ser uno de vosotros, me cueste lo que me cueste, aunque el precio fuera mi vida». Así es el niño; este es el amor del niño. Este amor es ciego, porque al mismo tiempo el niño tiene la idea de que podría salvar a sus padres si él mismo padece. Por eso, el hijo no siente ningún miedo ante la muerte, ni tampoco ningún miedo ante el sufrimiento ni ante la culpa si los toma sobre sí por el bien de los padres. La fuerza del amor en los niños es increíble. Es este amor el que enferma, porque es ciego.

En este contexto, la tarea de la terapia sería revelar el amor del hijo, mostrar cuánto y cómo ama. Una vez que sale a la luz este amor, el hijo ya no puede amar de esta forma ciega, porque ve que la madre, por ejemplo, por la que pretende sufrir, no lo quiere así, porque también ella ama a su hijo. Así, el hijo tiene que abandonar las ideas que antes relacionaba con su amor.

Esto lleva a una purificación del alma y, al mismo tiempo, a un desprendimiento. Así, el hijo vive la salud y la vida como una renuncia al poder, una renuncia a experimentarse como inocente y grande. Por eso, el paso del amor ciego al amor que ve y sabe es como una realización espiritual que le exige algo al hijo. De esta forma, la felicidad le exige mucho más que salir y llorar a moco tendido y sufrir.

Pregunta: ¿Qué es el bien supremo para el adulto?

Respuesta: Nada es el bien supremo. Ya no se distingue. En la concordancia no hay nada supremo. La concordancia misma es algo sublime, algo grande, pero no hay nada supremo. Es igual. ¿Te das cuenta de qué se mueve en el alma cuando asumes que todo es igual? Una gran amplitud.

La conciencia

Aquello que normalmente definimos como conciencia es un sentido interno, similar a nuestro sentido del equilibrio. Con su ayuda percibimos cómo debemos comportarnos en un grupo para poder formar parte de él, y qué debemos evitar para no perder esta pertenencia. Tenemos la conciencia tranquila cuando cumplimos las condiciones para la pertenencia. Tenemos mala conciencia cuando nos desviamos de las condiciones para la pertenencia.

De grupo en grupo, las condiciones para el derecho a la pertenencia son diferentes. En una familia de ladrones hay que hacer algo diferente a lo que se haría para formar parte de la familia de un pastor. En ambas familias, los hijos tienen la conciencia tranquila o sienten mala conciencia por comportamientos totalmente distintos.

Por tanto, para muchos, «moral» significa aquello que en nuestra familia es válido e «inmoral» significa aquello que no es válido en nuestra familia. Es decir, los contenidos siempre son determinados por el sistema.

Lo curioso es que desde la buena conciencia nos sentimos autorizados a perjudicar a otros que son diferentes. Cuando alguien se justifica alegando su conciencia, en la mayoría de los casos quiere hacer daño a otra persona. Si soy bueno y quiero algo bueno, no necesito justificarme con mi conciencia. Eso es extraño.

Por eso, lo realmente bueno es algo que se halla más allá de la conciencia, y para hacer lo realmente bueno se necesita la valentía de ir más allá de la conciencia. Lo realmente bueno significa que sirva a muchos y que también reconozca como válidas las diferencias de otros grupos y otros sistemas, o de otras religiones.

Pero también existe una instancia superior. Esta actúa más allá de la conciencia que acabo de describir. Actúa cuando estamos en sintonía con algo más grande. A veces experimentamos el actuar de esta instancia en una constelación, cuando de repente todos los participantes están en paz, como en concordancia con algo más grande. O cuando uno nota que está llamado a algo a lo que no se puede sustraer; si se resistiera a hacerlo, algo en su alma se rompería. O si hiciera algo determinado que en un plano más superficial considera correcto, también se rompe algo en su alma. Lo que aquí actúa, también es una conciencia; una conciencia superior. Está muy cerca del ser, de lo esencial.

La quietud

A veces reflexiono sobre la psicoterapia y la religión. Algunos piensan que este trabajo es religioso o espiritual. Yo, sin embargo, no estoy tan seguro.

El sentimiento religioso surge en nosotros cuando topamos con un límite, o cuando nos encontramos ante un misterio inescrutable para nosotros. En ese momento nos detenemos; en vez de avanzar, nos paramos. Este detenerse es lo esencial en el sentimiento y en la realización religiosos, el detenerse ante el límite y ante el misterio. Si comprobáis interiormente qué ocurre cuando os detenéis, notáis un movimiento en el alma, o en el pecho, o en el corazón. En ese momento algo se abre de par en par. Es justamente el detenerse lo que nos une con aquello que se halla más allá del límite y del saber. El detenerse une.

Este tipo de sentimiento religioso o de realización religiosa es muy simple, y en esta actitud y en esta realización todos son iguales. No existen las diferencias. Es una realización que cada uno lleva a cabo en solitario. Entre aquellos que se entregan a esta realización se crea una comunión, una comunión muy profunda y humilde. Esta es la religión que une.

En ese punto, cuando nos detenemos ante el límite, nos damos cuenta también de cuánta fuerza nos exige el estar simplemente quietos, sin avanzar. Nos resulta difícil de soportar. A muchos les resulta sumamente difícil detenerse. En su lugar intentan superar el límite. Se crean imágenes, intentan averiguar algo, construyen todo un sistema de ideas sobre aquello que podría hallarse detrás, quizá hagan también experiencias especiales, y, sin estar realmente en contacto con aquello que se halla más allá, lo llaman una experiencia religiosa.

Algunos incluso llegan a proclamar esta llamada experiencia religiosa, exigiéndoles a otros la fe en su experiencia religiosa. Es extraño. Para mí es arreligioso.

En psicoterapia o, en general, en medicina, el médico, o el terapeuta, o el asistente, o los familiares que acompañan el quehacer sanador, hacen la misma experiencia de un límite, de un misterio que no podemos superar. En esa situación, lo que da fuerzas tanto al que actúa, o debería actuar, como a aquel que padece es precisamente el detenerse en una actitud sencilla y centrada. Así experimentan el mismo movimiento interior de una amplitud que se abre, y de recogimiento. Uno se detiene ante ello, resulte lo que resulte después, aunque fuera la muerte. Eso sería religioso en este contexto.

En cambio, cuando, en vez de detenerme en el límite donde este se revela, empiezo a actuar, a ponerme nervioso, a intentar alguna cosa más, esto se parece de alguna manera a lo que ocurre cuando alguien, como persona religiosa y a través de la experiencia o de la realización, topa con un límite, pero no se detiene: pasa el límite sin que en el fondo pueda o tenga el permiso de hacerlo. Así corremos el peligro de cargarle algo a un paciente, o a otra persona que sufre, porque en el límite fracasamos.

La noche del espíritu

Quisiera decir algo sobre la noche del espíritu. Hoy en día está de moda peregrinar a Oriente, para allí encontrar la sabiduría y la iluminación. Ciertamente es algo grande que también hay allá en Oriente. Pero aquello que aquí, en Occidente, tenemos como gran tradición espiritual apenas se conoce ya. La gente se retira de ello. La gran mística conoce los tres caminos: el camino de la purificación, el camino de la iluminación y el camino de la unión. Pero, en el fondo, únicamente se trata del camino de la purificación. Emprender este camino nos exige lo último.

El camino de la purificación culmina en la noche del espíritu. Este es un concepto de San Juan de la Cruz. Noche del espíritu significa renunciar al saber bajo cualquier forma; renunciar, por ejemplo, a conocer el trasfondo o los misterios del mundo, o a saber algo de Dios. Una renuncia total. Así, uno se vacía.

En el taoísmo, esta sería la imagen del centro vacío. Allí hay una quietud absoluta. Pero lo curioso es que cuando uno se adentra en ese centro vacío y afronta la noche del espíritu, queriendo saber cada vez menos, leyendo, por ejemplo, cada vez menos, cavilando cada vez menos y manteniéndose centrado en esta actitud, de repente ocurre algo a su alrededor sin que él mismo tenga que hacer nada. Uno se detiene y, manteniendo la quietud de esta manera, llega a la sintonía con algo más grande.

A partir de ahí surgen las comprensiones profundas que nadie podría idearse; nacen de esa disciplina sencilla de la noche del espíritu. Esto implica también olvidarse, estar dispuesto, por ejemplo, a olvidarse de su origen, de su propia historia. Este sería el camino.

He mostrado algo de esta sencillez de no querer saber nada, o solo muy poco. Estando así centrado, se nota inmediatamente qué es esencial. Únicamente necesito escuchar muy pocos detalles e inmediatamente sé qué es esencial; este es el resultado de ese recogimiento sencillo. A este respecto os leeré un pequeño texto de mi libro *Verdichtetes*.

Sabiduría

El sabio asiente al mundo tal como es,
sin miedos y sin intenciones.

Está reconciliado con lo efímero y no tiende
más allá de aquello que con la muerte perece.

Su mirada abarca el conjunto porque está en sintonía,
y solo interviene hasta donde el cauce de la vida lo exija.

Sabe distinguir: ¿va o no va?,
porque está libre de intenciones.
La sabiduría es el fruto de una disciplina y un ejercicio de
   mucho tiempo,
pero quien la tiene la tiene sin esfuerzo.

Siempre está en camino, y alcanza la meta no porque busca
   —crece.

Lo común y lo liviano

En el trabajo con constelaciones se evidencia la vehemencia de las fuerzas que actúan en la familia. Muchas veces damos explicaciones simples, por ejemplo, cuando alguien se suicida, porque no comprendemos la corriente que arrastra a la persona en lo más profundo. Asimismo, se muestra que nos hallamos vinculados con muchos destinos de los que en parte no sabemos nada. Esta vinculación incluso va más lejos en el pasado, por lo que también participamos en el sufrimiento de la humanidad. Muchas veces existe una tendencia irresistible a unirse a este sufrimiento. Y me imagino que muchos casos de psicosis tendrán que ver con que la persona se hunde en este gran dolor, en estos destinos profundos y polifacéticos, participando en ellos.

Aquí, para mí, únicamente hay una solución posible: el subir a la superficie y volver a algo muy común, cotidiano y liviano. El individuo no soporta hundirse en este sufrimiento; es demasiado grande. Nuestro equilibrio anímico es muy frágil. No podemos soportar mirar todo esto, ya que supera en mucho nuestras fuerzas. Así pues, al final nos queda solo una realización íntima y poco ostentosa, algo muy simple: el marido, la mujer y los hijos, el juego y el tiempo libre, la felicidad y el dolor, vengan como vengan. De esta manera, conservamos la ligereza serena del alma. Y la ligereza del alma tiene la fuerza más grande. Lo más fuerte es, a la vez, muy liviano. Si se quiere, uno puede ejercitarse en este ir hacia la ligereza. Se da, sobre todo, en la realización normal y corriente.

El momento

Pregunta: ¿Sería demasiado personal preguntar por aquello que lo sostiene en su trabajo? ¿Se trata de un fondo religioso o una experiencia religiosa?

Respuesta: Me sostiene el momento. Eso es todo. Y este es también el secreto del procedimiento fenomenológico: solo el momento. No sé cómo acabará. Si sale mal, también me mantengo sereno.

Pregunta: ¿Y cómo se puede aprender que únicamente nos sostiene el momento?

Respuesta: El siguiente momento lo muestra.

La humildad

Este trabajo y aquello que revela tienen una dimensión religiosa, o espiritual, independientemente de lo que entendamos por ello. A veces reflexiono sobre las consecuencias de este trabajo, y de aquello que revela, para la actitud religiosa. Nos obliga a reconocer la Tierra y a reconocer que de muchas maneras formamos parte de una trama terrenal, de algo que nos obliga y nos dirige sin que lo comprendamos.

Me parece que muchas religiones precisamente nos impiden mirar de frente esta realidad.

Solo cuando encaramos esta realidad, tenemos la profunda humildad que nos une con aquello que actúa detrás de todo esto, creando una actitud de confianza, de que al final ocurrirá algo que tendrá sentido. Lo que sobre todo me impresiona es cuando a veces no configuro a más que una o dos personas, y empieza a desarrollarse algo que apunta a unas soluciones que superan cualquier planificación humana, y esta fuerza se sostiene en el amor. A este respecto contaré un ejemplo.

En un seminario, un hombre contó que su mujer, a raíz de un accidente de tráfico, ya llevaba varios años en coma lúcido. En ese estado había dado a luz a una niña. El cliente me pidió que lo configuráramos. Le dije que eligiera representantes para la mujer, para la hija, para un compañero anterior de la mujer y para sí mismo. En la imagen, la hija estaba enfrente de la mujer; el amigo anterior, algo más lejos; y él mismo, algo apartado. A continuación, no hice absolutamente nada, únicamente me senté —y todo el proceso se fue desarrollando por sí solo.

Primero, el compañero anterior de la mujer se fue acercando lentamente a ella, con profundo amor. Se puso detrás de ella, y ella se dejó caer hacia atrás, con los ojos cerrados. La hija se acercó lentamente a la madre. El representante del marido, el padre de la niña, en un principio no mostraba ninguna emoción. Lo retiré un poco para que no interfiriera en la escena. La hija fue hacia la madre, la abrazó, y el compañero de la madre, desde atrás, las abrazó a ambas.

Después, el representante del marido se puso detrás de la hija, abrazando a la hija y a la madre desde atrás, y el compañero anterior de la madre se fue retirando lentamente. No hay forma más bella de experimentar qué son los vínculos, qué es el amor, y qué crea una unión. Pero todo se fue desarrollando por sí solo.

Es decir, existe una fuerza, una fuerza terrenal, que muy profundamente actúa para lograr el reconocimiento de cada uno. Para esta fuerza, cada uno tiene el mismo valor, el mismo respeto y la misma importancia. Esta es la solución hacia la que se dirige, este es el actuar de un alma para mí. ¿Cuál es su envergadura? No lo sé. ¿Hasta dónde llega? No lo sé. Ahora bien, no puede ser nada divino; es algo terrenal. Al mismo tiempo, también actúa una fuerza terrible en ella; las dos cosas a la vez. Una fuerza horrible que exige incluso lo más grave. A pesar de todo, me parece que, si permitimos que actúe, su movimiento se dirige hacia este tipo de unión, a unir aquello que está dividido.

Ahora bien, si interviniéramos a través de ideas religiosas, tal como las conocemos de las diversas confesiones –del cristianismo, por ejemplo, o también de otras religiones–, todo este proceso no podría desarrollarse tan profundamente. Aquello que en otros contextos solemos considerar religioso aquí perturbaría lo religioso.

Y después, aún hay que tener en cuenta otro punto más: el verdadero misterio siempre se encuentra más allá de todo esto. No se puede imaginar de otra manera que permaneciendo siempre más allá. Por tanto, no hay que tomarlo como un movimiento religioso, sino que, respetándolo tal como es, se respeta algo que se halla aún más allá.

Si a la luz de estas experiencias se observa qué ocurre con las personas que toman un camino religioso, o espiritual, de una forma radical –por ejemplo, los monjes budistas o muchos santos en la Iglesia Católica, o muchos místicos–, me parece que todos estos caminos necesitan una purificación. Lo ascético muchas veces es una negación de una realidad actual, un alejarse, un rechazo a reconocer lo normal y lo corriente. Casi siempre esta ascética va unida a un sentimiento de superioridad frente a la llamada «gente común». Eso es lo sospechoso en ello; contradice las experiencias que nos obligan a ver a todos en un mismo nivel: los buenos y los malos, los vivos y los muertos.

La cuestión religiosa

Pregunta: En relación a mis clientes estoy inseguro en un punto: una vez que se han aclarado, llegan a la cuestión religiosa. Aún no he visto a ninguno con el que no ocurriera así. Siempre procuraba contenerme, pero noto que en el fondo tendría que decir más.
Respuesta: No se llega a la cuestión religiosa.
Pregunta: Pero ¿hacia dónde deben encauzar sus energías? ¿Adónde dirigir su creatividad, la entrega?
Respuesta: De la cuestión religiosa no sabemos nada. Tus clientes topan con misterios; eso es diferente. Pero algunos esquivan el misterio queriendo saber. Así lo despojan de su fuerza. Pero, en realidad, el misterio se retira ante ellos.

La serenidad

Nos inquietamos cuando nos chocan las dicotomías de bueno y malo, hombre y mujer, justo e injusto, felicidad y desdicha, salud y enfermedad, vida y muerte.
   A la serenidad llegamos cuando aguantamos las dicotomías como dos partes que siempre forman un conjunto, cuando nos fusionamos con ellas y, a través de ellas, ganamos amplitud y grandeza. La serenidad así lograda al final desemboca en la devoción. Pero en el momento oportuno también nos obliga a los hechos, a actuar con fuerza concentrada.

Lo oscuro

Lo que nos parece oscuro no es, muchas veces, más que la luz inaccesible, el misterio que tanto más se nos sustrae cuanto más nos acercamos a él, intentando captarlo. En cambio, quien se detiene ante el misterio oscuro, abandonándose a su dirección sin saber, verá que en el peligro lo arropa, le da cobijo, le corta el camino cuando se deja engañar, y le presta su luz –aunque solo sea para unos momentos– cuando lo llama.

El sacrificio

Buscando una respuesta a la gracia de la dicha experimentada, o a la supuesta injusticia de la desdicha, algunos pretenden obligar lo divino, que permanece oculto, a que les revele cuál es el precio de lo que recibieron. Así, le ofrecen un sacrificio, por ejemplo, limitándose, ejerciéndose en la ascética, anulándose ante lo divino o entregándole algo querido, a veces incluso, a la pareja o, aún peor, a su hijo.

Pero, al final, el misterio, que intuimos en su profundidad insondable, pero que no está a nuestra disposición, revela su grandeza justamente sustrayéndose a esta pretensión.

Los nombres

Con los nombres que les damos a las cosas, las rodeamos, las atrapamos para nuestros fines, por así decirlo, les restamos algo de su amenaza, pero también de su misterio y de su encanto.

Así, muchas veces, los nombres sustituyen la realidad. Conscientemente podemos experimentar los efectos de este proceder sobre nuestra relación con las cosas, cuando, durante un paseo por un jardín botánico, renunciamos a leer los rótulos con las denominaciones de las plantas y, en su lugar, nos encontramos con ellas sin nombres.

Algo similar ocurre con los nombres que empleamos en el encuentro con personas, por ejemplo, en psicoterapia. ¿Qué ocurre en nuestro interior y en el suyo cuando nos olvidamos de los nombres con los que nosotros las definimos, o ellas nos definen a nosotros? Cuando, como para ejercer nuestro corazón, renunciamos a vernos a nosotros mismos como psicoterapeutas, y a las personas que vienen a consultarnos como pacientes o clientes, sino viéndonos a todos —a nosotros y a ellas— como personas que durante un tiempo se atreven a embarcarse en una relación, al principio, quizá, con miedo, temiendo por la seguridad de los propios límites, y después, cada vez más abiertos, vulnerables, juntos expuestos y obligados ante algo más grande. ¡Cuán diferente resulta entonces nuestra percepción de nosotros mismos y de los demás!

De la misma manera que un árbol nos impacta sin que le demos ningún nombre, también a estas personas las reconocemos no solo por su presente, tal como aparecen ante nosotros. Al mismo tiempo también las percibimos en su entorno y con su historia concreta que, necesariamente, contribuyeron a convertirlos en lo que son y, de forma similar, también nos comprendemos a nosotros mismos como resultado de unas circunstancias concretas, que nos han convertido en las personas concretas que ahora somos.

Pero de esta forma nos abandona también la seguridad de los medios que con determinados nombres relacionamos, el sostén de una teoría que únicamente tiene sentido si diversos fenómenos son denominados con el mismo nombre, y cuando el mismo método es recomendado para manejar los diversos fenómenos denominados con un mismo nombre. Eso no quiere decir que en psicoterapia podríamos pasar sin nombres y sin teorías que generalicen. Aquí se trata sobre todo de agudizar la conciencia, de ampliar la mirada y de estar dispuestos a exponernos a algo desconocido.

De este tipo de nombres y palabras tenemos que distinguir aquellas que no limitan sino que amplían, ya que describen un proceso, un estado, algo que ha crecido o está creciendo; por ejemplo, palabras como *hombre, mujer, padre, madre, hijo, árbol, flor, piedra*, o también, *tierra, mundo, sol, luna, estrellas*. Si utilizamos estos nombres, sus efectos son otros que si en lugar de árbol decimos tilo, o en vez de hombre, italiano, por no hablar de nombres como alcohólico o psicótico.

Ahora bien, también usamos nombres y palabras para lo oculto que no podemos captar, donde notamos que cualquier nombre que le demos y cualquier palabra que pretenda captarlo siempre serán insuficientes. Esto se aplica, por ejemplo, a la palabra *alma*. Observamos que los seres vivos se encuentran vinculados y controlados por una fuerza que los supera. Es una fuerza sabia, pero no se limita a este ser viviente en concreto. Controla su crecimiento, su fertilidad, su decadencia y su muerte, y difícilmente nos podemos imaginar que se acabe junto con el ser viviente. Más bien parece como si tan solo se retirara y perdurara en algo que va más allá de este ser viviente. Dando un nombre a esta fuerza, sin embargo, a veces nos sustraemos a ella. En vez de abandonarnos a ella, teniendo en cuenta su movimiento sutil y procurando seguirlo atentamente, le damos un nombre como si pudiéramos alcanzarla y disponer de ella. Y así nos enajenamos de ella en vez de abrirnos a ella en lo más íntimo.

El *Tao Te King* dice del Tao –que en chino probablemente se refiere a lo mismo que nosotros denominamos como alma y, sobre todo, como Gran Alma– que, cuando se intenta nombrarlo, ya no nos referimos al Tao duradero y constante, que sin nombre precede a todo, y que el intento de nombrarlo al mismo tiempo nos priva de su obrar sanador.

Más atrevido y pretencioso todavía debe parecer nuestro intento de captar, mediante un nombre, lo absolutamente incomprensible que intuimos detrás de todo lo que actúa, también más allá del alma y del Tao, pretendiendo apoderarnos de ello, comprenderlo e incluso disponer de ello, por ejemplo, mediante el nombre de *Dios*. ¡Cuán diferente es el efecto en nuestra alma cuando renunciamos a cualquier denominación o comprensión, nos conformamos con el no-saber y, a pesar de todo, nos entregamos a su actuar vislumbrado, sin pretensión, sin miedo, serenos y humildes, sea cual sea la suerte o, quizá, la misión! De esta actitud ganamos una fuerza extraña que ante todo lo dado nos permite ser más delicados, abiertos, audaces y potentes en nuestro actuar. ¿Deberíamos dar nombre a esta actitud? Sin nombre actúa más silenciosa y profundamente.

El Dios más grande

Pregunta: ¿Cómo puedo recuperar la confianza en Dios?

Respuesta: Quisiera decir algo de Dios: es terrible. No conoce la piedad, tal como nosotros lo esperamos. Muchas veces pensamos en Dios como en nuestro padre, o en nuestra madre. Él es más grande. Y nosotros le exigimos que sea justo en el sentido en que nosotros lo entendemos. Así no es. Sea cual sea nuestro destino, liviano o grave, bueno o malo, él lo dirige sin tener en cuenta nuestros deseos. Lo dirige de forma que tengamos que morir y sufrir, y aquello que a nosotros nos parece fatal, para él, no vale nada.

La religiosidad, la actitud religiosa, significa que me inclino ante mi destino, tal como es. Renuncio a la esperanza y a la felicidad soñada. Lo curioso es que, cuando nos sometemos de esta manera, simplemente entregándonos, nos vemos sostenidos y todo se hace más grande. Mucho más grande. Y más pleno. ¿Algo más?

Pregunta: Muchas veces me siento muy lejos y separada de los demás, incapaz de comprometerme realmente. El trato entrañable es muy superficial; en realidad, me retiro. Así, por ejemplo, no soy capaz de encontrar pareja.

Respuesta: El movimiento religioso se dirige a una altura, a la cima de una montaña. Abajo, en el valle, estamos cerca de los demás, en un trato íntimo y entrañable, quizá incluso felices. Quien sube a la montaña se hace más solitario cuanto más asciende. Sin embargo, tiene la vista amplia y está unido con mucho más que en el valle. Con mucho más. Pero no de aquella forma entrañable. No como un hijo con su madre, sino orientado hacia la amplitud. Eso, de alguna forma, es un morir, y también es grandeza. Quien, tras haber alcanzado la cima en soledad absoluta, vuelve a bajar al valle, tendrá la cara radiante.

AFORISMOS Y PEQUEÑAS HISTORIAS[1]

Introducción

La pura verdad nos parece luminosa,
pero, al igual que la luna llena,
oculta un lado tenebroso.
Nos ciega porque brilla.

Así, cuanto más plenamente pretendemos
asir o imponer el lado que nos muestra,
tanto más inconcebible
se sustrae su lado apartado,
secretamente,
a cualquier concepto.

Lo oculto

A veces se considera religión cuando un corazón temeroso
se construye un dios a su semejanza,
para que no lo aplaste.
O la religión es una ola que nos levanta
y nos arroja a una ribera lejana
 —ante esta corriente no hay vuelta atrás.

---

1. Del libro *Verdichtetes*.

Del Cielo que enferma y la Tierra que sana

Los mitos nos presentan un espejismo de claridad, donde pesa la penumbra, y oscuridad, donde todo está abierto para aquel que mira.

Las imágenes que actúan son oscuras.

Las imágenes claras o los mitos son parte de las tinieblas del espíritu que el héroe supera en su camino para no perder la cabeza.

Los grandes misterios no hay que guardarlos —se conservan solos.

La teología intenta descifrar el misterio y lo convierte en objeto; así, a veces, también procede la ciencia con la naturaleza, y la psicología, con el alma.

El misterio desvelado se venga.

La belleza siempre es fragmento.

Muchas veces, lo temido pasa como bendición.

La intención no sustituye la comprensión.

Al lado de lo reconocido, lo pensado parece pálido.

La tragedia implica ceguera.

No soplan otros vientos, ni tampoco nuevos —solo los de siempre.

Muchas veces, el saber consume la verdad.

A veces, la última palabra es el silencio.

El celo

La fe que une a un grupo
le impide amar a otros grupos.

La libertad en la fe me libera de la fe de los otros,
de la misma manera que la libertad de conciencia
me libera de la conciencia de los otros.

Quien es fiel a Yahveh desarrolla un celo implacable.

El puro no puede estar tranquilo con el pecado.

Quien quiere algo eterno quiere algo fatal.

Muchos piadosos dicen:
No tendrás otro dios a mi lado.

En vez de pegar golpes bajos,
también es posible crecer.

Lo que se subraya no resulta verosímil.

Lo que nos dan mascado no nos gusta.

El yo quiere, el alma tiene.

Algunos celosos se parecen al escarabajo
que piensa que con sus patas traseras
mueve el mundo.

Los humos que se suben pronto se desvanecen.

Del Cielo que enferma y la Tierra que sana

Llevar la cabeza en alto cansa.

Lo que se gana luchando no dura;
lo que se combate no se va.

El dios que nosotros nos creamos nos miente.

Para algunos, la religión es una manera de hacer
a la que le falta el despojo de la contemplación.

Quien se integra en el todo deja que la Historia tome su curso.

La contemplación es sin intenciones.

Si lo sabes,
también podríamos pasar en silencio el asunto.

La felicidad encuentra quien se inclina.

La expectativa

Durante un viaje, un motociclista, propietario orgulloso de una moto pesada, se paró en un parking y descubrió una manchita en el tubo de escape. Cogió un trapo y la quitó cuidadosamente.
 Otro, que lo vio, le dijo:
 —Si la cuidas bien, te bendecirá.

El fuego

De Prometeo se cuenta que robó el fuego a los Dioses para entregárselo a los hombres. Los Dioses se lo permitieron, pero después se vio encadenado a una roca. Lo que no sabía fue que los Dioses, por sí solos, se lo habrían dado a los hombres.

La Tierra

No el cielo, la Tierra es la medida.

Donde el cielo nos divide, nos sostiene la Tierra.

Aunque el mundo, para muchos,
se encuentre opuesto a Dios y al Cielo,
muchas veces su devoción
sirve más íntimamente al amor que otras.

La mirada hacia el cielo se dirige al vacío.

Religión es participación amorosa en el Todo, siempre más grande.

Lo que está sembrado también puede crecer.

Nosotros estamos en el alma, no el alma en nosotros.

Fenomenología es visión de Dios.

La belleza es en el ser un algo incomprensible,
que actúa.

Tranquilidad significa
pulsar al ritmo de la Tierra.
El aquí y el ahora fluyen.

Del Cielo que enferma y la Tierra que sana

Lo que está madurando tiene tiempo.

El recogimiento únicamente se da con límites.

La lluvia que cae del cielo
se busca muchos ríos en su camino hacia el mar.

El mismo viento hace volar muchas cometas.

Veo tu estrella y sigo la mía.

Lo mejor

Un hombre joven, de familia pudiente, se marchó a un país lejano. Allí se dedicó al juego y despilfarró su herencia. Una vez perdido todo, fue a un granjero y se puso a su servicio como mozo. Su hermano hizo lo mismo. Y cuando también él hubo malgastado su herencia, vino a parar a la misma granja. Finalmente, ambos hermanos recapacitaron, y el uno dijo:

 -Pensando en mi casa, lo bien que viven los siervos de mi padre, siento deseos de volver con él. Le diré a mi padre: «Lo he hecho todo mal. Por favor, recíbeme de nuevo en tu casa y tenme como a uno de tus siervos».

Su hermano dijo:
 -Yo lo hago de otra manera. Ya mañana me busco un trabajo mejor, ahorro para reunir una pequeña fortuna, me caso con una de las hijas de este país, y vivo aquí como todos los demás.

Desprendimiento

Lo que antes se llamaba entrega y devoción
es desprendimiento extremo,
que toma todo y da todo —con amor.

Cuando faltan los padres, aumenta la mística.

A los ascetas les falta la madre;
a los adictos, el padre.

La existencia angelical no se aguanta.

No se le puede hacer ningún reproche a Jesús
porque el joven rico se fuera triste.

El silencio proviene de la entrega centrada
a aquello que sostiene.

El silencio atrae.

Quien está en sintonía con su alma
nunca imita.

Fácil y leve es aquello que dejamos venir.

Vocación significa:
una fuerza nos toma a su servicio,
y quien pretendiera resistirse decae.

Dios —así nos quejamos—
se ha retirado del mundo.
También se ha retirado de la Biblia.

Al Dios que se retiró
no debemos rezar.

Lo último es comienzo,
y el comienzo es ahora.

La dependencia

Un hombre compró una oveja y así se convirtió en pastor.
    Siempre que se dirigía a su oveja, esta le respondía con un «¡ba!» afirmativo.
    Y el pastor se sentía feliz.
    Pero cuando la oveja empezó a entrar en años, y el pastor una vez más le habló, ella arremetió contra él. En ese momento, el pastor pensó: «¡Nunca he estado tan unido con mi oveja como ahora!»
    Más tarde, cuando la oveja se hizo aún mayor, simplemente se fue.
    El pastor, sin embargo, se entristeció, porque volvía ser un hombre normal y corriente.

Lo mismo

Un airecillo sopla y susurra,
el vendaval golpea bramando.
Y es el mismo viento,
la misma melodía.

La misma agua
nos sacia y nos ahoga,
nos sostiene y nos sepulta.

Lo que vive consume,
se mantiene y destruye,
en el uno como en el otro
impulsado por la misma fuerza.

Es ella la que cuenta.
¿A quién le sirven, pues, las diferencias?

Lo religioso[2]

La realización religiosa es idéntica a la realización de la vida tal y como es.

Al principio del camino espiritual, muchas veces se encuentra el menosprecio de una persona.

De los dioses más vale mantenerse apartado; de los endiosados, también.

Los órdenes nos vienen dados, las reglas son construidas.

En todo lo que hacemos obra una ley sabia. No se escucha, se vislumbra.

Iglesia: cuando un barco queda varado, no puede hundirse.

Quizá gran parte de lo espiritual no sea más que el anhelo de la madre.

---

2. Del libro *Entlassen werden wir vollendet.*

Percibir significa que todos los sentidos se reúnen en una contemplación sin imágenes.

Lo divino no necesita defender sus límites.
Tener una actitud religiosa significa estar plenamente centrado en uno mismo y, al mismo tiempo, perderse en algo infinito.

PSICOTERAPIA Y RELIGIÓN[1]

Religión

HARTMUT WEBER Señor Hellinger, hoy conscientemente nos limitaremos al tema de *Religión y psicoterapia*. De hecho, usted se ha manifestado muchas veces sobre este tema, y a mí me interesaría saber cuál es su definición de la religión.
HELLINGER Preferiría describir qué ocurre cuando una persona se experimenta como religiosa.

Mirando a personas religiosas, primeramente veo que son conscientes de depender de fuerzas que no comprenden –por ejemplo, del destino– y que experimentan que su vida no está en sus manos y que termina. Ante estos misterios con los que se topan, adoptan una actitud determinada, actitud que, en el mejor de los casos, será de veneración o de humildad, o de devoción ante aquello que no comprendemos.

Por otra parte, también hay personas que, cuando actúan como personas religiosas, intentan manipular aquello que no comprenden o a lo que se sienten expuestos, pretendiendo influir sobre ello y poder manejarlo, por ejemplo, a través de ritos, de sacrificios o de oraciones.

En este tipo de religión existen dos componentes: por una parte, las personas reconocen algo que las sobrepasa y que no comprenden y, por otra parte, procuran dominarlo. En sí, esto

---

1. Entrevista en la serie «Perspectivas evangélicas» de Radio Baviera 2, el 29 de septiembre de 1996.

es una contradicción, y las degeneraciones de la religión empiezan a desarrollarse en el punto en el que la persona, en vez de detenerse y de reconocer el misterio, procura comprenderlo y apoderarse de él.

Revelación

HARTMUT WEBER ¿Sería correcto decir que esta primera descripción de la religión, como ámbito en el que me siento dependiente de algo —una vez, un teólogo lo definió como la sensación de la dependencia más absoluta—, sería algo así como la religión natural que, de hecho, no necesariamente está relacionada con las iglesias tal como las conocemos, o con la religión cristiana, o con el islam, o con el judaísmo? Para usted, ¿una religión revelada ya representa un intento de manejar esta sensación de dependencia? En diversas ocasiones, usted ha comentado muy críticamente el tema de las religiones reveladas.
HELLINGER En este punto quisiera hacer una distinción. Cuando se hacen este tipo de experiencias religiosas, es decir, experiencias de misterios, a veces alguien llama la atención sobre la existencia de tales misterios. Así lo hace, por ejemplo, Jesús en muchas de sus parábolas. Sin embargo, no aparece como un revelador que habla de aquello que otros no pueden percibir, sino que acerca a los demás a algo que es visible, aunque, quizá, de una forma especial, y de esta manera queda comprensible para los demás. Así, junto con él perciben lo mismo. Este tipo de revelación sería la natural.

Por otra parte, existen reveladores que dicen haber recibido un mensaje o una vivencia religiosa muy especial, inaccesible para otros, y que les predican. Así, otros, en lugar de percibir, tienen que creer. Pero no creen en Dios, sino que creen en el revelador, es decir, en un ser humano.

Ahora bien, refiriéndome al cristianismo, me parece que por parte de Jesús –hasta donde yo lo comprenda– hay poca revelación en este sentido, sino que aquello que se predica como su revelación, en su mayor parte, es obra de sus discípulos, que se ponen en su lugar...

HARTMUT WEBER ...Y aún más, de los apóstoles, San Pablo, por ejemplo.

HELLINGER También San Pablo, justamente. Cuando leo a San Pablo, tengo la impresión de que Jesús en el fondo no le importa. Él tiene su propia imagen con la que tapa a Jesús. De ahí resulta la contradicción curiosa de que, por una parte, Jesús es presentado como revelador, pero a él mismo no se le deja hablar. Comparando estos dos tipos de religión, es decir, este tipo de religión revelada y la otra, que se expone al misterio tal como se nos presenta, esta religión revelada necesita una purificación.

Contradicciones

HARTMUT WEBER A pesar de todo, para mí hay una gran diferencia entre lo que usted está describiendo y aquello que las iglesias convencionales ofrecen. Usted mismo viene de la Iglesia Católica, durante mucho tiempo desarrolló su actividad en una orden, y estudió teología. ¿Fue un desarrollo paulatino el que le llevó a su actual comprensión de la religión o hubo una ruptura en algún momento?

HELLINGER Fue un desarrollo gradual. Mirando al individuo, cómo se va criando en su religión –el uno, en la católica como yo, el otro, en la protestante o en el islam–, en el fondo, su religión es una parte de la cultura a la que pertenece. O es un valor muy estimado en su familia. Por tanto, la religión es algo que le llega junto con la familia. También se podría decir que es como una revelación a la que se somete sin tener ninguna visión propia. La persona cree algo que forma parte de la tradición, sin mirar ni decidir por ella misma. Esta religión es parte de su desarrollo o de su socialización. Y está bien así, porque es algo que la vincula y la enriquece. De hecho, en todas estas religiones se realizan valores muy altos.

Sin embargo, cuando el individuo sigue desarrollándose, al cabo de un tiempo topa con un conflicto. Por ejemplo, si mira a la naturaleza y toma en serio lo que también las diversas iglesias enseñan de ella –es decir, que es obra de Dios– y si, al mismo tiempo, escucha aquello que se predica como revelado, y compara ambos hechos, verá una contradicción. Así, si toma en serio lo primero, tiene que cuestionar lo segundo. Y, a la inversa, cuando toma en serio lo supuestamente revelado, tiene que poner en cuestión el mundo tal como se le presenta.

A este respecto aportaré un ejemplo. Como hombres experimentamos una gran necesidad de justicia. Esta necesidad es innata en nosotros; forma parte de nuestro bagaje anímico y solo por esta necesidad son posibles la comunicación y el intercambio entre las personas. Es decir, cuando alguien me da algo, siento la necesidad de darle también algo, y así establecemos un intercambio y podemos formar una comunidad. Ahora bien, si miro la naturaleza y en ella busco la justicia, me doy cuenta de que el mundo se rige por otras leyes que la justicia. No obstante, muchas personas afirman que Dios, si existe, debería ser justo, porque esta es nuestra necesidad. Por tanto, de nuestra propia necesidad transferimos algo a Dios, lo cual considero inadmisible. Todas las preguntas del tipo de «¿cómo es posible que Dios permita esto?» nacen de esta necesidad. En cambio, si únicamente miro el mundo y lo tomo en serio, veo que no puedo penetrar ni solucionar el misterio de la justicia y de la injusticia, tal como nosotros las entendemos. Y eso es duro. No obstante, si encaro este hecho, su efecto sobre mí es mucho más profundo que si clamo por el Dios justo pretendiendo que sea justo.

Psicoterapia y religión

Oración

HARTMUT WEBER Hace un momento, usted mencionó la palabra clave «oración». Para usted, ¿la oración ya sería un intento de manejar lo religioso?
HELLINGER Todo depende del tipo de oración. En la mística se da la llamada contemplación, tal como se conocía antes en la espiritualidad occidental, el mirar simple y tranquilo. Esta sería la devoción ante el misterio y, al mismo tiempo, una profunda entrega. Esta es la oración verdadera.

Después, también existe la plegaria. Aquí depende de la actitud fundamental. Cuando pido por alguien, por ejemplo, por un moribundo, no lo hago en el sentido de querer manipular. Entro en contacto con algo. El otro también entra en contacto con ello, y quizá tenga un efecto sanador. Esta plegaria la respeto mucho y también la practico personalmente.

Es diferente si, por ejemplo, estoy empeñado en encontrar un trabajo y por eso pongo un cirio. Eso sí que tiene algo de manipulación. Pero no quiero condenarlo, ya que también aquí se expresa una actitud y una necesidad religiosas.

Mística

HARTMUT WEBER A todo esto ya le puso freno Jesús cuando dijo: «Hágase tu voluntad». Eso debería estar también en cada una de esas oraciones.

Usted acaba de mencionar otra palabra clave, muy importante para mí: «mística». No sé si estaré en lo cierto, pero pienso que aquello que usted describe como religión natural se acerca mucho a lo que los místicos pensaban y sentían. Según mi parecer, hoy en día existe de nuevo una gran apertura ante la mística, que durante mucho tiempo parecía enterrada. Y también está la célebre frase de Karl Rahner que dice que el cristianismo, o será místico o ya no será. ¿Usted se consideraría correctamente interpretado, sin que yo pretenda atarlo con ello?

HELLINGER Respeto la pregunta. También en la mística distingo. Por tanto, quisiera referirme, en un primer lugar, a aquello que me parece problemático en la mística: en los comportamientos religiosos he observado que siguen determinados patrones que nosotros conocemos; por ejemplo, el patrón de «padre-hijo» o el patrón de interlocutores o partes contractuales, de igual rango; o el patrón de las relaciones en una red familiar; o el patrón de la relación amorosa. De todo ello resultan diferentes comportamientos religiosos. En la mística, frecuentemente encontramos el patrón de la relación amorosa, es decir, la unión mística y la mística nupcial. Todo eso me parece problemático, porque transfiere algo humano a un misterio inefable.

Por otra parte, en la gran mística —sobre todo, en Occidente, pero también, en el islam, hasta donde yo lo veo y lo he leído—, se da la experiencia que lo divino constantemente se sustrae. Es decir, que no puede estar en nuestras manos, ni tampoco en nuestros corazones, sino que constantemente se sustrae, de manera que el místico, al vivir una experiencia mística, únicamente la toma como una experiencia sin que se atreva a darle el nombre de «religiosa». Por tanto, en esta mística, toda llamada experiencia religiosa se deja de lado inmediatamente y uno se abre a algo aún más grande, ante lo que se detiene con devoción. Esta es para mí la auténtica actitud mística y es totalmente natural. También la encontramos en los grandes poetas, en músicos —Bach, por ejemplo, es para mí uno que ante ese gran misterio hace su gran música—, y la encontramos en los grandes filósofos, por ejemplo, en Heidegger. Cuando leo a Heidegger, me nace este sentimiento de devoción ante un misterio. Él me conduce a ello sin darle ningún nombre.

Religión natural

HARTMUT WEBER Quisiera volver sobre descripción de la religión natural. Usted viene a decir que esta religión nos pone en sintonía con el mundo, nos reconcilia con aquello que es terrible, y nos abre para experiencias con la muerte, con la culpa o con el destino. Por una parte, me parece muy atractiva esta idea. Ahora bien, como hombre del siglo XX —seguramente marcado también por un cierto *zeitgeist*–, tengo mis problemas, porque me pregunto dónde queda lo que normalmente sentimos como creador y transformador. También soy consciente de que quizá el problema de nuestros días, al final del segundo milenio, sea precisamente este: en gran medida nos hemos abandonado a la idea ilusa de que todo es factible. ¿Es posible que el redescubrimiento de la mística sea como el movimiento oscilante de un péndulo, y que, después, otra vez sea necesario el paso hacia el otro lado? Es decir, este crear y transformar me queda demasiado corto aquí.

HELLINGER Usted ha observado muy bien que, para mí, lo religioso implica la renuncia a mejorar el mundo. Pero curiosamente, cuando asiento al mundo, es decir, cuando no solo lo acepto, sino cuando asiento a él tal como es, con todo lo que forma parte de él, se me abre el acceso a una profundidad desde la cual puedo actuar en términos de reconciliación o, a veces, también de sanación, o, también, para mejorar algo, pero sin tener que proponérmelo. De la simple sintonía con el mundo me llega una fuerza que actúa hacia algo bueno. Eso es muy humilde.

Psicoterapia fenomenológica

HARTMUT WEBER Con esta visión, ¿también está relacionada la descripción de su trabajo como psicoterapeuta, el hecho de que usted se defina como psicólogo o terapeuta fenomenológico? Eso significa que usted, de forma intensa y exclusiva, parte de la percepción y evita conscientemente juzgar al otro desde un primer momento. ¿Lo veo correctamente?

HELLINGER Sí. En psicoterapia, mi intención es la de sacar a la luz una realidad, con la ayuda de un grupo; por ejemplo, cuando un enfermo –frecuentemente trabajo también con enfermos de gravedad– configura la constelación de su familia. De entre los participantes elige a personas absolutamente desconocidas, que luego representarán a su padre, a su madre y a sus hermanos. Después, le digo que se centre y que las posicione y relacione en el espacio disponible. Al hacerlo, la constelación exterioriza una imagen inconsciente; se le hace visible.

Ayer, por ejemplo, vino una mujer cuya hija de dos años padece una enfermedad mortal. Tiene llagas en todo el cuerpo y únicamente puede llevarla en brazos; la hija no puede caminar. Le dije que sujetara a la hija, y con la hija se pusiera al lado de su marido. Me contestó que no podía hacerlo porque la hija se oponía. Le dije: «Lo configuraremos».

Así, eligió a tres personas, a alguien que la representaba a ella misma, a alguien que representaba al marido, a alguien que representaba a la hija, y después posicionó a estas tres personas. La hija estaba apoyada con media espalda contra la madre, y el marido estaba apartado, enfrente de la mujer. La mujer dijo: «Siento mucha rabia contra mi marido». Y el marido dijo: «Siento mucha rabia contra mi mujer». La hija dijo: «Estoy tan angustiada que solo quisiera marcharme». Por la constelación pude ver que la hija, estando delante de la madre, intentaba impedir que esta se fuera. En un siguiente paso, puse a la madre a un lado. Inmediatamente se sintió aliviada, la hija se sintió aliviada y el marido también. La hija quería irse con el padre, eso fue lo que surgió en ese momento. Para la mujer fue totalmente sorprendente y, así, lo percibido empezó a actuar.

Una vez que sale a la luz, busco una solución para todos. Tengo que añadir que el padre de la mujer se había suicidado; probablemente, ella quería seguir a su padre. Por tanto, la puse al lado de su marido, y a la hija le indiqué que se apoyara de espaldas contra ambos padres. Inmediatamente se sintió muy a gusto. Después le pedí a la mujer que le dijera a su marido: «Sujétame para que me quede». Y todos quedaron reconciliados.

Es decir, yo no me inventé nada. Lo deduje, y de aquello que deduje busqué una solución que fuera buena para todos. Este sería, pues, el tipo de psicoterapia que yo ofrezco.

HARTMUT WEBER ¿No hay veces en las que duda de su propia percepción? Es algo que considero el punto de partida de alguna que otra crítica o pregunta que se le hace, es decir, que otros pregunten: «¿De dónde saca la seguridad de expresar aquello que percibe?»

HELLINGER Lo que digo es visible. La mujer, por ejemplo, estaba muy conmovida. Pudo darse cuenta inmediatamente de que era así. Si hubiera sido de otra manera, habría protestado en seguida, o los demás participantes habrían protestado. Además, cuando trabajo ante un público tan grande, todos lo pueden comprobar. Cuando alguien dice que no es de la forma que yo lo acabo de decir, inmediatamente me oriento en ese comentario. Después lo verifico y busco otra solución. Es decir, en mi percepción también me oriento en los demás. Empiezo a trabajar y después lo corrijo. Si no hiciera más que afirmaciones gratuitas, sería fatal; me parecería demasiado arriesgado.

Jesús

HARTMUT WEBER Ahora le haré una pregunta hereje: en su trabajo, ¿también se siente como siguiendo los pasos de Jesús de Nazaret, tal como nos lo describe el Nuevo Testamento, en cuyas

Del Cielo que enferma y la Tierra que sana

historias de curaciones también se dice frecuentemente «lo miró» o «la miró»? ¿O le parece un absurdo esta comparación?
HELLINGER Sí que me siento como uno que al pasar —así también lo dicen de Jesús— mira, hace algo bueno, quizá, e inmediatamente sigue su camino. En este sentido, sí. Pero, por lo demás, ¡ninguna comparación, por favor! Me desbordaría.
HARTMUT WEBER La Biblia, a veces, lo llama imitación.
HELLINGER Jesús tiene una gran influencia sobre mí. Siento un gran respeto ante la figura de Jesús. Y también es un ejemplo para mí en muchos asuntos, pero no en el sentido de preguntarme qué hizo Jesús y qué hago yo. Eso no. Pero, cuando leo lo que Jesús hizo, a veces pienso: «Sí, así podría hacerse el bien».
HARTMUT WEBER ¿Jesús es un terapeuta para usted?
HELLINGER No.
HARTMUT WEBER Seguramente conocerá la teoría de Eugen Drewermann que dice que las historias de las curaciones del Nuevo Testamento son historias terapéuticas.
HELLINGER Eso, a mis ojos, rebajaría a Jesús. Para mí, Jesús es mucho más que un terapeuta. Lo otro me cae muy lejos.
HARTMUT WEBER ¿Podría describir un poco más este punto? ¿Qué le rebajaría si fuera un terapeuta, o qué le diferencia de un terapeuta?, ya que esa idea de Drewermann sí me fascinó y me di cuenta de que, a través de ese puente, muchos contemporáneos encontraron un acceso a este Jesús.
HELLINGER Para mí, lo religioso es un ámbito en sí, un ámbito grande, y la terapia no debe tocarlo. Veo a Jesús como una figura religiosa, que sobre todo hace vibrar lo religioso en el hombre y ahí consigue algo que, de una forma muy especial, ha tenido consecuencias a lo largo de dos mil años. En toda crítica de las iglesias no hay que perder de vista el hecho de que el cristianismo constituye un inmenso movimiento histórico, y que significaría una pérdida increíble para nosotros si no lo tuviéramos. Es decir,

yo, en primer lugar, veo a Jesús como hombre religioso. Si lo considerara un terapeuta, me desviaría de esa grandeza, y esa no es mi intención.

La purificación

HARTMUT WEBER También se podría invertir el asunto, pero pienso que ya casi intuyo su respuesta. También existe otra teoría, ahora que las iglesias, a las puertas del tercer milenio, han perdido tanto de su fuerza y se encuentran en una crisis tan profunda —y obviamente eso afecta de forma muy directa a la profesión del sacerdote o del párroco—, algunas personas dicen: los sacerdotes de hoy en día son los psicoterapeutas.
HELLINGER A mí me parece extraño. Quisiera hacer una comparación. En el desarrollo religioso personal —lo cual en la espiritualidad occidental se describe constantemente, y también en el islam—, el camino, si es que se habla de un camino, comienza con la purificación. Es decir, las ideas, los deseos, incluso la fe, se purifican. Al final, uno permanece desnudo ante la penumbra, habiendo alcanzado la máxima profundidad.

También las religiones se encuentran en un camino de purificación. Para mí, todo esto empezó con la teología. El mero hecho de atreverse a reflexionar sobre Dios ya es una purificación. En otras religiones este hecho no se da; únicamente existe en el cristianismo. Con la teología empezó la purificación. Después vino la Ilustración, y después, la crítica de la Biblia. Todo eso son procesos de purificación. Y después vino la psicoterapia, sobre todo, con Freud. Que son necesidades humanas las que se transfieren a Dios y que de esta forma se dan distorsiones fue algo que Freud vio muy claramente. Por tanto, esta psicoterapia también tiene unos efectos esclarecedores o ilustradores que conducen a una purificación de la religión.

Naturalmente también existen psicoterapias y escuelas psicoterapéuticas que actúan como si fueran iglesias. Así, hay un revelador y hay seguidores, una doctrina correcta y una equivocada, siguiendo el patrón de las iglesias. Todo esto lo considero fatal. En un caso así, esta psicoterapia tiene que pasar por la misma purificación que las iglesias.
HARTMUT WEBER También encarando la nada.
HELLINGER Sí, exacto.
HARTMUT WEBER Muchísimas gracias.

CURA DE ALMAS[1]

Las siguientes cartas son respuestas a preguntas que se me presentaron; muchas, de personas que ni siquiera conocía. Las contestaciones se limitan al núcleo de estas preguntas, por lo que son breves.

Algunas cartas se dirigen a amigos o compañeros; tratan de preguntas compartidas o dan las gracias por una advertencia, una ponencia o un libro.

Todas estas cartas fueron agrupadas por temas; a pesar de todo, cada una de ellas es independiente.

Confianza

9 de octubre de 1987

Quien, en sintonía con un todo superior, confía en un buen sino, espera incluso en contra de las apariencias y en contra de las objeciones y de los miedos. Eso es un gran logro espiritual. Las muchas cavilaciones, en cambio, significan desconfianza. Así, aquello que encauza y dirige se retira, y la persona se encuentra relegada a sí misma. Esta confianza es como un anticipo del morir, por lo que en este caso tampoco existe ninguna ayuda más que la humildad y la confianza.

---

1. Cartas terapéuticas, 1984-1999.

3 de enero de 1989
Algunas dificultades persisten porque hacemos depender su solución de alguna condición determinada. Es mejor confiar en que lo esencial se dará cuando sea su momento. Muchas veces, sin embargo, entorpecemos un poco este sino con nuestros planes.

1 de mayo de 1990
Cuando alguien, como tú ahora, ha experimentado que existe algo que encauza y dirige hacia un buen desenlace si uno sigue al alma silenciosa, de hecho ya no puede desviarse mucho de lo esencial. El recuerdo le da confianza y fuerza.

3 de enero de 1991
Quizá nos sea más fácil sentirnos completos si nos abandonamos a una fuerza buena que actúa a través de nosotros, sin pretender determinar el rumbo que tome. Esa fuerza procura lo necesario en ambas partes, fuerza y contrafuerza, y todo a su tiempo, ya que la contrafuerza tan solo nos parece opuesta.

Actitud centrada

7 de marzo de 1989
Que primero percibas las realidades de este mundo y luego las vuelvas a encontrar en la lectura será una consecuencia de la contemplación. La preocupación por otros se va calmando si uno confía en que una fuerza buena los guía a ellos no menos que a nosotros. El criterio para intervenir o retenerse es la actitud centrada. Si estoy centrado en el momento de actuar, el efecto será positivo; si me inquieto, probablemente habrá sido en vano. Algo similar se aplica también al retenerse: en caso de duda, es mejor retenerse.

14 de mayo de 1990
Tu carta y tu comentario acerca de los ámbitos en los que ya no existe la soberbia del saber (más) llegan inmediatamente al corazón. Los recibí como un obsequio que me llenaron de dicha. Te doy las gracias por ello. Todos volvemos al fondo último y primero, y dondequiera que nos haya empujado o arrastrado la fuerza del fondo, la diferencia vuelve a desvanecerse. Pero, mientras dure, el alma ya puede anticipar el final y, a pesar de todas las diferencias, se siente igual entre iguales.

3 de julio de 1990
Muchas veces, la Gran Alma se retira cuando, en vez de dirigirnos hacia ella, preferimos buscar consejo y ayuda fuera. Solo si ella misma nos conduce hasta allí, podemos hacerlo sin debilitarnos. Quien, por fin, escucha su propia alma y se deja guiar por ella deja atrás la infancia y acaba estando tanto solo como libre.

6 de enero de 1995
Las experiencias que describes exigen que la persona se abandone a ellas ciegamente, con humildad y con valentía. Tú actúas porque algo actúa a través de ti. Por eso, tampoco debes comentarlo con otros; eso sería como una traición.

Desprenderse

21 de diciembre de 1990
El olvido es una disciplina espiritual y tiene que ver con seguir caminando.

El elegido no se detiene en su éxito, sigue caminando inmediatamente, así dice el Tao Te King. Naturalmente, lo mismo se aplica también al fracaso y al deseo de ser recordado. También tienes que asentir si pareces encontrarte en una situación dudosa, y, después, seguir caminando. De forma inexplicable nos vemos implicados en circunstancias felices, y también, en circunstancias desfavorables. A ambas partes hay que asentir. Y renuncia a la pregunta de «¿por qué?», ya que cualquier respuesta es una huida ante aquello que es y que actúa.

20 de enero de 1998
Mientras esperamos que para nuestra alma cambie algo si otros cambian, nos ponemos a merced de terceros. El hecho de abandonar esta esperanza nos centra y nos da fuerzas.

Despedida

13 de enero de 1998
Tu confusión y tu parálisis son comprensibles. Durante la enfermedad de tu ex marido lo cuidaste con tanto cariño, que ahora te duele aún más que te haya abandonado. Te encuentras paralizada porque no te queda ningún recurso y así dependes de la buena voluntad de su pareja posterior. Solo podrás actuar de nuevo si interiormente te retiras una vez más de tu marido. En ese momento, su pareja ya no tiene ningún poder sobre ti y tú quedas libre. Sobre todo, ya no puedes sufrir ningún daño en tu alma.

Para tus hijos es importante lo siguiente: ellos tienen la posibilidad y el derecho de recibir y de tomar aquello que su padre les dejó en herencia; asimismo, tienen que renunciar interiormente a aquello que no les ha dejado. Así, también ellos quedan libres.

4 de enero de 1996
Una desesperación así la siente un niño cuando pierde a su madre. En lo que a la separación del marido se refiere, es prove-

choso enderezarse interiormente y abrirse para algo mejor. Esto se logra con más facilidad cuando se reconoce y se conserva la felicidad experimentada.

3 de septiembre de 1997
En una separación, uno primero recuerda aquello que fue bello, sobre todo, el principio. Se renuncia a la búsqueda de culpas, ni propias ni del compañero. Después, uno se entrega al dolor y al duelo. A continuación, por regla general, lo necesario puede solucionarse de forma objetiva y pacífica.

Aun otro hecho cabe tener en cuenta: en los hijos, uno sigue amando al compañero, igual que en un principio.

Experiencia y pensamiento

20 de diciembre de 1990
Tus reflexiones me impulsaron a indagar sobre la dicotomía entre experiencia y comprensión, por una parte, y lo meramente pensado, por otra, teniendo en cuenta también las consecuencias.

En experiencia únicamente pueden convertirse los procesos. También una experiencia comunicada, si se comunica de acuerdo con la vivencia, lleva a la experiencia. Por eso, también es innecesario demostrar las experiencias, ya que estas se demuestran por el proceso que se convierte en experiencia.

Las ideas las puedo seguir sin que haya ninguna correspondencia con una realidad experimentable. Pueden ser bellas y concordantes e interesantes, sin que necesariamente tengan que ser verdaderas. El peligro surge cuando mido mi experiencia por mis ideas, comparándola con ellas. Entonces creo en mis ideas en vez de fiarme de mi experiencia. Este proceso alberga el peligro del enajenamiento. Por tanto, si uno abandona tales ideas a favor de una experiencia, este paso conduce al centramiento, y, si bien abandonamos algo, nos lleva a la experiencia de plenitud y de ganancia. En cambio, si abandono una experiencia que resulta de un proceso vivido y de una comprensión, solo porque pienso algo diferente, este paso se experimenta como una huida del centro y como una pérdida.

La comprensión es la parte espiritual de la experiencia y siempre conduce al recogimiento, y, si se comunica, lleva a la realización que centra. La idea, aunque sea una reflexión sobre una experiencia, en comparación con la comprensión tiene un efecto de menoscabo. En comparación con la comprensión, que es plena y simple, parece pálida y complicada.

14 de mayo de 1992
Lo que, como verdad del alma, en la realidad del acto se muestra real es lo que cuenta al final, y siempre es una tendencia a abandonar lo habitual para embarcarse en una osadía. Así, la verdad se muestra como algo nuevo en cada uno, pero, no obstante, es siempre lo mismo. De nada sirven entonces ni el cuestionar ni ninguna objeción.

Lo que sí sirve es el intercambio de experiencias que fueron osadas y serias.

17 de mayo de 1995
Hace poco, alguien me regaló el libro *El sendero del campo,* de Heidegger. Al leerlo, por primera vez me percaté del profundo abismo que media entre nuestro pensamiento habitual –Heidegger lo relaciona con la ciencia y la técnica– y el pensamiento original, que requiere una actitud de fondo totalmente distinta: carece de todo querer, se deja mirar en vez de mirar, es totalmente sereno, «despreocupado» (esta es mi palabra). De acuerdo con esta comprensión, la ecopsicología no sería más que una variante del pensamiento técnico, e, igual que cualquier otro pensamiento técnico, en sus resultados sería vana para lo esencial.

Ver y escuchar

11 de octubre de 1988

Quisiera presentar una diferenciación.

Un niño quiere formar parte y percibe el mundo con los ojos de aquellas personas de las que depende y a las que quiere. En cuanto el niño ve qué es valioso y sagrado para los demás, él asiente con todas las consecuencias. Cuando el sistema se abre nuevos caminos, también el niño sigue el mismo camino, y con ganas, porque ama.

En este caminar, aunque sea guiado y dirigido, el niño puede fiarse de lo que ve y de lo que él mismo reconoce, aunque sea de forma intuitiva.

Cuando a un niño se le predica moral, el mirar se convierte en escuchar. Así, el niño ya no debe (re)conocer por sí mismo para luego seguir lo reconocido desde el corazón. En su lugar tiene que escuchar y obedecer, y, en vez de ver las cosas por sí mismo y de seguir al entendimiento, se ve obligado a someterse.

La palabra sanadora

12 de febrero de 1997

La palabra sanadora siempre es breve y alcanza el alma en lugar del yo. Ilumina las caras y actúa durante mucho tiempo. Ahora bien, también es posible destruir este efecto explicándola, encajándola y deshaciéndola en palabrerías. A partir de ahí se retira nuevamente. Se precisa respeto y contención, tanto por parte del terapeuta como del paciente.

Mirar

23 de abril de 1992

Una cosa debéis tener en cuenta en vuestro trabajo: el respeto ante el misterio que en todas partes permanece, y el asentimiento a los límites de cada uno. El aprendizaje en sí resulta del mirar que, sin inmutarse, deja de lado todo lo que las diferentes teorías hayan podido transmitirnos. La mirada se fija más bien en el efecto y en el final.

La mirada hacia delante

1 de octubre de 1993

Mirar hacia atrás siempre es en vano. Lo que corresponde es dirigir la mirada hacia delante y orientarse hacia aquello que queda. Aquello que queda, una y otra vez empieza de cero y, por lo tanto, también por abajo.

19 de agosto de 1996

Quien mira hacia atrás o pretende restablecer lo anterior, pierde lo posible del momento. Aquí se halla aquello que debe ser realizado. La humildad lo hace posible.

30 de septiembre de 1998

Quien sigue siendo víctima no puede actuar. Quien mira hacia atrás se pierde el futuro.

Imágenes

25 de noviembre de 1991
Tanto la mística occidental como la oriental enseñan el desprendimiento de las imágenes. La psicoterapia de Jung a veces nos seduce a tomar las imágenes como reales. Ahora bien, a veces –y esto es algo totalmente distinto– el alma encuentra una imagen que condensa una realidad.

18 de febrero de 1992
En el fondo se trata de mantenerse en la pura contemplación, desprendida de toda imagen familiar y entrañable –y entre ellas cuenta también la imagen del Cielo. Al mismo tiempo hay que resistir a la tentación de querer saber más de lo que nos es accesible. Aquí, la Tierra es una metáfora para esta limitación. Ahora bien, en todo ello se trata de mucho más que de lo perceptible en un primer plano; el misterio no se niega, ni tampoco se sustituye por imágenes ni se interpreta, sino que, justamente renunciando a todo esto, se respeta. Eso es más difícil, pero, quizá, lo más apropiado.

12 de enero de 1995
Las imágenes interiores de «ponerse al lado del padre» y de «inclinarse profundamente ante él» actúan por ellas mismas a través de mucho tiempo. La realización intencionada no se da cuenta de que el alma, en su momento, simplemente completa el efecto.

Caminos espirituales

7 de junio de 1984
Muchos de los llamados caminos espirituales intentan abreviar o simplificar algo que, para lograrse, requiere el camino entero y el

tiempo entero. La afirmación de que todo depende únicamente del yo *(self)* tiene algo tentador y, en muchos aspectos, es correcta. Absolutizada, sin embargo, constituye una forma peligrosa de la soberbia, ya que niega las relaciones y las implicaciones que nos condicionan. La espiritualidad humilde reconoce las implicaciones y se conforma con lo necesario para actuar.

24 de enero de 1987

Tus textos causan mucha impresión. Se nota el esfuerzo intenso y prolongado y la gran fuerza espiritual. Pero también tienen un toque de lujo y reclaman el otro lado.

6 de julio de 1988

Gracias por tus ponencias sobre psicología y mística.

Para mí, el camino de cada uno resulta de una confluencia de muchas fuerzas. Cuando las percibimos en conjunto, intuimos que se hallan al servicio de un sino que no se deja captar científicamente. Tanto la psicología como la meditación pueden estar al servicio de este sino, sea como ayuda o como tentación. Por tanto, es necesaria una metaposición que se halla por encima de ambos. Por su contenido es difícil de captar, pero, al igual que el árbol, se reconoce por su fruto. Entre estos frutos cuentan la sabiduría, la humildad, el amor, la serenidad, la valentía, la gratitud, el asentimiento a la plenitud, al límite y a la justa medida. En última consecuencia, implica que encaremos lo efímero de nuestra propia vida, reconociendo la muerte como el final.

22 de marzo de 1991

Cuando nos invade una sensación de vacío, muchas veces resulta beneficioso imaginarse cómo las propias raíces se extienden aún más hacia abajo, hasta que alcanzan las aguas que corren, allí ocultas, y nos comunican con la plenitud del Todo.

18 de diciembre de 1993
Me alegro de encontrar en usted a alguien que tanto me impulsa como me cuestiona, y que me obliga a pensar con más exactitud. La diferenciación entre la Fe de la Revelación y la Fe de la Creación no resiste un pensamiento estricto. Yo tampoco publicaría nunca una definición de este tipo. En *Felicidad dual*, Gunthard Weber recogió unos comentarios que durante un taller hice de forma más bien casual, y no quise inmiscuirme.

De todos modos, mi intención fue la de señalar la dialéctica entre fe y falta de fe o, más exactamente, entre fe (o, también, esperanzas en contra de toda evidencia) y percepción. Es decir, la fe siempre implica una negación de una realidad.

La bella frase de «quien nunca sufrió ¡qué sabrá!» es un recuerdo de mis tiempos de estudiante que desde entonces me viene acompañando. Y no sé a qué se refería en un principio. Sea como fuere, si de la Biblia o no, se trata de una frase de peso.

En lo que a la Biblia se refiere, soy un incrédulo. Para mí es un libro humano que tanto me fascina, como también me enajena de mi centro si me entrego a él. Por tanto, en mi trabajo tampoco me oriento en conceptos bíblicos. Lo que significan humildad y orden, contrición y amor, justicia e injusticia, culpa e inocencia, o conciencia e incluso gracia se deduce y se percibe a través de la simple mirada. Para mí son verdades de la Tierra. En consonancia con la Tierra, también ejerzo un poder que puede parecer sacerdotal; no obstante, se halla al servicio de la reconciliación con los excluidos u olvidados, con los menospreciados o descalificados. Frecuentemente, este poder se convierte en salvación, por lo que parece grande; sin embargo, no pretende salvar la vida, porque, en sintonía incluso con lo espantoso, se contiene donde, de forma inevitable, también la fatalidad se hace valer y tiene que hacerse valer.

No conozco ningún proyecto de promoción teológica que integre este tipo de trabajo (o de pastoral). Incluso lo considero peligroso. Fácilmente podrían socavar la pastoral eclesial en vez de fomentarla, por ejemplo, cuando la Tierra aparece como lo verdaderamente sanador y sagrado.

23 de noviembre de 1998
Me alegré de recibir su carta y el libro *Individuación espiritual*. Cuando empecé a leerlo, me resultó difícil orientarme y distinguir qué era experiencia y qué, especulación. Cuando me di cuenta de que me desviaba de mi centro, lo volví a dejar. Por lo visto, hay muchos accesos al misterio, y no todos son para todos aquello que sus almas necesitan. A pesar de todo, le doy las gracias.

Religión y amor

25 de marzo de 1984
Podemos partir de la convicción de que don X.X. de buena fe asumió la obligación del celibato, y que en aquel entonces, por su comportamiento, sus superiores no podían suponer en él ninguna incapacidad para el celibato.

Inconscientemente, la ausencia del padre le llevó a asumir en la familia el papel vacante de la pareja, lo cual resultó en una intensa fijación en la madre. Al asumir más tarde el compromiso del celibato, dicha fijación fue transferida al ámbito eclesial, movilizando aquellas intensas energías que tanto el afectado mismo como sus superiores pudieron malinterpretar como celo especial.

No obstante, la obligación de asumir el celibato de forma duradera topa con límites apenas justificables en el plano moral, cuando, en el transcurso del desarrollo psíquico, esta fijación es reconocida y su resolución, como tarea moral, ya no puede ser pospuesta. Como problemática real aparece, por tanto, el hecho de que una vez en el transcurso del desarrollo psíquico de la persona se comprende la dinámica hasta entonces reprimida, incluso una decisión tomada con buena fe ya no parece moralmente justificable para un futuro. La salida de querer considerar moralmente insuficiente o inadmisible la decisión de aquel entonces y, por tanto, no vinculante ya en aquel momento se viviría como una ofensa, ya que no corresponde al sentimiento subjetivo.

El dilema resultante únicamente puede ser resuelto en concordancia con la veracidad interior, cuando no se les niega la relevancia moral ni a la decisión pasada, ni a la actual.

6 de mayo de 1989

Las preguntas de su entrevista acerca de la prohibición del amor y de la hostilidad hacia el cuerpo, del miedo al sexo y del celibato, en parte ya implican las respuestas, tanto en lo que a las causas como en lo que a la solución de los problemas señalados se refiere y, en consecuencia, me dejan poco margen propio.

Según he podido observar, el concepto de los mensajes restrictivos, o bien de los permisos que pretenden anular estos de nuevo, no ha probado ser útil en la práctica. La esperanza tácita de que una anulación de la prohibición pueda abrir el camino transfiere la responsabilidad justamente a aquellos de los que habría que liberarse, creándose así una nueva dependencia.

Se puede observar que los hombres que se encuentran en la esfera de sus madres muchas veces se muestran desconsiderados e insensibles hacia otras mujeres. La consideración la aprenderían si de la esfera de la madre pasaran a la esfera del padre. Asimismo, las mujeres que permanecen en la esfera de su padre muestran poco respeto ante otros hombres. También aquí la solución sería que se pusieran al lado de su madre.

El amor implica respetar a los excluidos y a los despreciados, y, sin pretender cambiarlos, tratarlos con compasión. Así me libero de la identificación con ellos. Si en la lucha contra ellos ganara, acabaría asemejándome a ellos. La oveja no supera a su pastor y a sus exigencias luchando contra él, sino simplemente marchándose.

Así pues, no acabo de responder a sus preguntas, pero sí me he posicionado, y así quisiera dejarlo.

11 de abril de 1992

La lectura de tu libro me ha sido muy provechosa. Con referencia a Nietzsche me viene a la mente la frase: «Dios está muerto, ¡viva el amor!» Llama la atención el hecho que también el amor, al igual que la religión, cada vez más se considera un asunto privado. No obstante, aquello que actúa en una relación es mucho más que únicamente algo personal: un estar al servicio de algo, lo queramos y lo comprendamos, o no.

Dios y los dioses

9 de octubre de 1995

Gracias por tu libro *Elementos de lo religioso,* que he leído con gran interés y provecho personal.

De especial interés me ha resultado tu descripción de la descomposición de los fenómenos religiosos, especialmente aquellos desencadenados por la mística. Si te he entendido bien, los fenómenos religiosos organizados presuponen un Dios personal como interactor. Lo mismo, dicho sea de paso, se aplica también a la mística.

Me parece que el Dios personal, por muy espiritualizado que nos lo imaginemos, acaba perteneciendo a la fila de los dioses. De lo contrario, no sería posible verlo tan perteneciente a uno mismo personalmente, o especialmente benévolo con un grupo determinado. Me parece que nuestra experiencia actual del mundo, de unión y de intercomunicación entre todas las personas, sobrepasa este concepto, por lo que provocará una nueva decadencia de los habituales fenómenos religiosos.

Ser y No-Ser

24 de mayo de 1991

Quien, como tú, vuelve de nuevo, se encuentra cambiado y trata con cuidado aquello que lleva en manos, ya que nuestro ser se halla rodeado de un no-ser que lo limita, de la misma manera que sobre un principio, que ya es, actúa un final, que aún no es. Si elegimos algo, al mismo tiempo tenemos que renunciar, y quien comienza también terminará. Cuando en el ser afirmamos el no-ser, al igual que el final en el principio, aquello que emprendemos gana grandeza a través de ambos, aunque ambos no son. Cuando rechazamos o tememos el final y el no-ser, ambos merman y rebajan aquello que emprendemos.

3 de agosto de 1991

Todo ser del que sabemos es limitado por un no-ser, y está claro que este no-ser debe ser más grande y más denso que el ser que limita. Y, aunque no es, el no-ser actúa sobre aquello que es, sea aumentandolo o mermándolo.

Podemos experimentar este hecho en lo más inmediato. Así, por ejemplo, quien elige una forma de vida en lugar de otra experimenta que aquello que elige se le convierte en ser, y aquello que no elige se convierte para ese ser en un no-ser que lo limita. Si la persona considera superior el ser que eligió, mientras el no-ser le parece inferior, aquello que eligió se reduce a través de aquello que para su ser es el no-ser. En cambio, si, a pesar de todo, honra y valora aquello que no eligió, aquello que eligió se incrementa a través del no-ser que lo limita aunque no es. Lo mismo se aplica cuando no tenemos la opción de elegir por nosotros mismos, sino que es el destino que dispone lo uno y nos separa de lo otro, cuando, en un caso así, consideramos inferior lo que nos viene dado, teniendo por superior lo otro que nos permanece vedado.

Quien quiere el todo únicamente puede tenerlo junto con el no-ser que lo rodea. Por tanto, alcanzamos nuestra plenitud cuando tomamos lo uno, respetando al mismo tiempo lo otro que no podemos tomar; y a la inversa, cuando respetamos aquello que nos viene dado por el destino, aunque el anhelo quisiera más de aquello que nos permanece vedado. Las enfermedades psicosomáticas me parecen abundar allá donde una persona se limita, tomando únicamente poco y considerando inferior o malo aquello que no toma, o cuando, por el contrario, considera inferior aquello que tiene, y superior aquello que le es inalcanzable. El alivio encuentra quien reconoce que aquello que hasta ahora excluía o consideraba inferior o llamaba malo se encuentra en un mismo nivel de igualdad, y si lo valora de todo corazón.

La fe

24 de marzo de 1990

Quizá, la cuestión de fe e incredulidad sea similar a la de inocencia y culpa. También estas solo aparecen juntas. Mirando a la Creación, por ejemplo, y confiando en ella, quizá atente contra la fe fundamentada en una palabra revelada, y a la inversa. Asimismo, la fe frecuentemente lleva a la pretensión de tener que mejorar el mundo, aunque este, también de acuerdo con la fe, fuera creado por Dios. Así, donde pretendemos mejorar el mundo de acuerdo con la fe, de este deseo frecuentemente resultan la interferencia y la destrucción. Por lo visto, la fe en el Dios todopoderoso no nos impide en absoluto querer manejar el mundo mejor de lo que Él mismo lo hace. Así pues, las preguntas y los problemas no llegan a ningún fin.

La gracia

25 de marzo de 1990
Las experiencias especiales que tuviste se confirman en el actuar. Las experimentamos como gracia que viene y se va. Por tanto, tampoco hay que buscarla ni pretender comprenderla; actúa independientemente de nuestra comprensión.

7 de abril de 1990
Lo especial se reconoce porque nutre, pero, a pesar de todo, no se puede sujetar.

31 de enero de 1994
Quien sobrevivió como tú también estaba sostenido. Inclinarse ante esa fuerza y abandonarse una vez más a ella sería el paso sanador, incluso ahora.

El desprendimiento

27 de julio de 1999
Muchas cosas se están moviendo en tu interior, y quisiera hacerte algunos comentarios al respecto.

Quien expía no se libera. Quien asiente a la culpa se encuentra cobijado. Frecuentemente no es más que una culpa infantil, imaginaria, que, en el fondo y mirándolo bien, forma parte del desarrollo. Sin ella se sigue siendo un niño.

También la despedida da cobijo, porque finalmente ya no se fundamenta en lo efímero, sino en algo que permanece, más allá de nuestra vida. También la herida forma parte de la vida, y también la cicatriz, que indica que la herida está curada, aunque el lugar sigue siendo vulnerable; nos advierte de proceder con atención y con cautela.

El deseo del niño que le pedía a Dios que lo dejara morir, es retirado por el adulto, porque lo comprende como desafío y como intromisión ante Dios. Así, se entrega a la vida como un regalo, de la misma manera que posteriormente, cuando sea el momento, se entregará a su muerte, también como un regalo.

El alma

11 de abril de 1995

Sabes que un fundamento de mi trabajo es el aprecio del alma y de sus caminos, y la convicción de que, en lo más hondo, cada uno es capaz de encontrar su propio camino. Que este camino es de prueba y error es una experiencia que cada uno ha de hacer y yo no me interpongo. Por eso también me parece sospechosa la cautela de «qué podría pasar si...», ya que implica que uno sea mejor que el otro, o que sepa mejor cómo manejar un problema. Una cautela así es lo que he percibido en ti. Pero este miedo no solamente me limitaría a mí, sino también a ti y a muchos otros, sin que el actuar que de ahí resulte sea realmente más provechoso.

14 de diciembre de 1995

De la manera que usted me escribe, me parece que transfiere la solución hacia fuera, es decir, hacia diferentes terapeutas, por lo que su alma se retira de usted. Confiar en ella, aunque en consecuencia sea guiado de forma totalmente distinta de lo que usted desearía, me parece lo indicado.

4 de junio de 1996
Donde únicamente se aplican determinados métodos sin que haya ninguna sintonía con el camino del cliente, a veces de todos modos se da una solución, porque el alma del cliente compensa lo que falta. Sin embargo, donde la persona como cliente solo quiere ir probando más y más métodos, sin atender a su propia alma, se enajena de sí misma.

27 de septiembre de 1996
Quien se mantiene en el reproche espera la solución desde fuera, por lo que se desconecta de su alma. Quien renuncia al reproche de repente se halla ante su propia culpa y ante las consecuencias de su hacer. De ahí le viene fuerza.

Enfermedad y alma

16 de agosto de 1996
Lo curioso en determinadas enfermedades es que no es que algo vaya mal, sino que el alma las necesita para, a través de ellas, lograr algo que por otro camino sería imposible.

6 de junio de 1998
Lo que le podría ayudar a su marido sería que mirara a su enfermedad como a un mensajero que le trae un mensaje importante. Quien lo respeta y lo escucha encuentra la paz.

Detenerse

17 de mayo de 1995
Tu cuerpo te dio un toque, parando tu alma para que recapacitara y se detuviera. Así, el límite con el que topamos también

se convierte en bendición, y aquello que antes más bien tendía a dispersarse al momento de parar encuentra una nueva profundidad.

El bien y el mal

19 de febrero de 1998

La distinción entre libre y, por lo tanto, responsable, y no libre y, por lo tanto, no responsable es inadmisible. Aunque la culpa sea inevitable, no nos dispensa de la responsabilidad de las consecuencias. Por otra parte, aunque un destino fatal sea sufrido inocentemente, la víctima no acaba siendo mejor que los demás.

Las distinciones del tipo moral tienen un valor limitado para la convivencia humana, y tenemos que hacer ver que estas distinciones son justificadas. A un nivel superior, sin embargo, no es posible mantenerlas. Así, por ejemplo, muchas veces la política moral es una política mala, y la inmoral es una política buena. No obstante, el inmoral no es libre de hacer el bien mediante la política inmoral; esto resulta independientemente de su querer y de su planificación. Si todo fuera tan fácil, nuestro querer bueno también tendría que producir el bien. Pero así no es. De Stephan Zweig existe una bella leyenda, *Con los ojos del eterno hermano*, que describe maravillosamente el fracaso inevitable del querer bueno. Quien a estas leyes se somete se mantiene sereno tanto en el bien como en el mal.

Abuso

3 de febrero de 1997

Respecto del abuso sexual te propongo un ejercicio, pero bajo la condición de que no se lo cuentes a nadie, ya que quizá suscite reacciones indignadas. Pero, si lo haces de forma inocente, quizá descubras algo que le hace un bien al alma.

Mi propuesta es que te imagines al lado de ese hombre, mirando con él a la muchedumbre indignada. Mantente tranquila, a pesar de su indignación. Después, al cabo de un tiempo, le dices al hombre que se vaya, que ahora lo despides de tu corazón, que le vuelves la espalda y sigues tu camino, limpia y libre. Después no debes hablar nunca más de ese incidente, con nadie, ni siquiera contigo misma.

Moral

20 de abril de 1999

Fatales no son los hechos en sí, fatal es lo que los justos piensan y dicen de ellos. Si realmente fueran tan justos, tendrían compasión. La solución para ti sería mirar una vez más los hechos y asentir a ellos, tal como fueron: asentir al dolor, a la curiosidad y al placer, tal como fueron, y darles un lugar ahora como experiencias humanas.

Violación

30 de noviembre de 1996

También en la violación se crea un vínculo. También aquí, la solución es el amor. Aparte de los juicios y las condenas que suelen acompañar a una vivencia así, mire al joven que la violó y dígale: «Ahora te quiero». La solución de las otras cuestiones quizá resulte de esta única frase.

Aborto

28 de febrero de 1997
Para encontrarse realmente con los hijos abortados, lo que ayuda es encararlos con los ojos abiertos y dejar que nos miren. Quizá, después, de estos hijos le llegue a usted una señal o una palabra que una y que reconcilie.

Vergüenza y pudor

18 de marzo de 1994
La vergüenza es múltiple. Por una parte, está relacionada con la conciencia que nos une a un grupo. Nos avisa cuando se nos descubre al infringir uno de los mandatos de ese grupo o al atentar contra uno de sus valores. Sin embargo, también hay otro tipo de vergüenza o pudor: el respeto ante un misterio. Este protege lo grande, y justamente por eso está cerca de ello.

Destino

4 de septiembre de 1997
Toma en serio la separación de tu mujer, como algo definitivo. Y toma en serio tu destino —que no puedas tener hijos— con todas las consecuencias, sin cargar estas consecuencias a nadie, por ejemplo a tu mujer. Pero, si aparece una pareja que pueda y quiera vivir con ello, una relación así puede ser de plenitud. Y asiente al hecho de que contigo el linaje antiguo se termina. Eso es como un asentimiento a que todo, al cabo de un tiempo, se acaba, y quiere y tiene que acabar.

Quedarte en la finca junto con tu mujer significa conflicto y dolor permanente, ya separados, entonces del todo. Referente a lo espiritual, quizá otra advertencia más: el asentimiento a la realidad, tal como es –eso es espiritual a un nivel sumamente profundo.

La fuerza

6 de mayo de 1999

La última consecuencia del procedimiento fenomenológico es la renuncia a todo control, y el sumergirse en un campo que sobrepasa en mucho las dimensiones del yo. Así, la pregunta por la culpa o la inocencia o la preocupación de qué resultará de ahí acaban pasando enteramente a un segundo plano, ya que en este nivel no existe la libre elección, a no ser la libertad de entregarse a algo desconocido. Que esto no se puede exigir de otros también lo sé.

La contradicción

8 de septiembre de 1998

El entorno se aquieta cuando también lo está usted. Significa no decir lo que hace y respetar a los demás en su ámbito, aunque, quizá, sea limitado. Sin contradicción, lo bueno no puede crecer.

El padre

7 de enero de 1997

En lo que a tu problema con tu padre se refiere, tienes que reconocer:
1) que tienes la vida a través de él,
2) que él te crió.

Con esto ha cumplido su tarea contigo. Lo que viene después corresponde a tu propia responsabilidad ante la vida y ante la fuerza que te guía y te toma a su servicio de una forma especial. Nadie puede ni debe inmiscuirse en esta responsabilidad, ni siquiera los propios padres. Lo que cuenta es que reconozcas con amor aquello que de tu padre tienes. Así, siempre puedes mantenerte en el amor. Y que, al mismo tiempo, te dediques a tu vida y a tu vocación especial. De esta manera pones tus límites ante él sin tener que reprocharle nada. De la misma manera que tú tienes tu propia vida y tienes que responder de ella, así también él tiene su vida de la que ha de responder. Por tanto, déjalo en su ámbito, con todo lo que forma parte, también, la equivocación y la culpa. Y delimita tu ámbito con un círculo en el que permaneces enteramente contigo mismo, de manera que tu padre no pueda penetrar. Así, deja también fuera sus palabras —son suyas, no tuyas. Entonces tu alma permanece serena.

La retirada

30 de enero de 1995

Te ocupaste de tu padre tal como te fue posible. Si él no pudo valorarlo siempre, también tendrá que ver con que ya estaba de retirada, dejando atrás aquello que ocurría a su alrededor.

Tus sentimientos de culpa son sentimientos infantiles. Desaparecen si interiormente te enderezas.

La madre

27 de junio de 1995

Una madre no puede caer en desgracia. Cuando una hija actúa con esa arrogancia, la madre interiormente se planta delante de ella hasta que se estremezca.

20 de diciembre de 1996
Tus hijos toman partido por su madre. No quieren tanto tu amor como tu amor para su madre. Aquí se encontraría también la solución: que no solo amaras a tus hijos, sino, en ellos también a tu mujer.

13 de mayo de 1997
Confía en que los cambios en ti también tendrán un efecto positivo para tus hijos. Si te preocupas, pretendes tomar en tus manos el destino de tus hijos. De esta manera, sin embargo, interfieres en aquello que su alma, por si sola, hace por ellos.

21 de septiembre de 1998
Cuando respetas a tu madre y la sabes a tus espaldas, pareces un poco mayor.

Padres

27 de noviembre de 1996
Usted ha tenido tanto vivencias duras como sanadoras. En el fondo, donde más cobijo encuentra es con su alma. A sus padres les ha de permitir que se retiren, sin rencor ni más deseos hacia ellos. La Tierra es más grande.

2 de septiembre de 1998
La vida viene de lejos. Los padres son solo el portal por el que nos llega. Por tanto, si usted, en vez de mirar a los padres, mira al fondo último de la vida y la toma desde allí, tiene la plenitud, independientemente de lo que ocurriera en relación a los padres.

Los muertos

6 de julio de 1995
Ponte al lado de tus hermanastros, en el lugar que te corresponde, e incluye también a los muertos. Ellos te mantienen en la Tierra y con lo sencillo. Eso también beneficia a tu hijo.

10 de agosto de 1995
Los muertos están tanto presentes como separados de nosotros. Nos dejan libres cuando los recordamos con amor, mirando, a pesar de todo, también hacia delante. Al mirar hacia delante, también nosotros los dejamos libres. En lo que a los hijos se refiere, estos están en buenas manos con la madre, sobre todo si ella, en ellos, sigue respetando y amando al marido y al padre. Así, también el padre sigue estando presente de una manera amorosa. No obstante, esto no significa que la madre no confronte a los hijos con el hecho de que también ella comienza algo nuevo. De esta forma, lo pasado fomenta lo nuevo en vez de frenarlo.

19 de marzo de 1998
Quizá hayas enterrado tu fuerza vital al lado de los muertos. Allí la vuelves a encontrar si bajas con ellos, plenamente centrado, te tiendes a su lado hasta que estés completamente tranquilo y en unión con ellos, y después esperas hasta que de ellos te llegue algo. Una vez que lo hayas recibido, lo llevas a tu corazón y, lentamente, vuelves a la luz de los vivos.

LA PRESENCIA DE LOS MUERTOS EN NUESTRA VIDA[1]

HARTMUT WEBER Muchos datos parecen indicar que en amplios sectores de nuestra sociedad la muerte es apartada, y, con la muerte, también los muertos mismos. Pienso que existe un gran número de indicios, y basta con pensar en el trato que damos a los moribundos, tantas veces marcado por el desconcierto, y en nuestra perplejidad ante la despedida en el cementerio. Si bien lo observo, en lugar de la presencia de los muertos entre nosotros, para muchos solo queda un recuerdo muy abstracto. Es decir, la muerte es un tabú. Señor Hellinger, en sus constelaciones familiares, en su trabajo terapéutico, usted, de una forma consciente, opta precisamente por el camino contrario. Usted incluye inmediatamente a los muertos en su trabajo. Antes de abordar este tema desde su contenido, le pediría que explicara brevemente qué se entiende bajo el concepto de constelación familiar.

Constelaciones familiares

HELLINGER Lo que ocurre en una constelación familiar es que un cliente, de entre un grupo de participantes y sin ninguna selección previa, elige a representantes para los miembros de su

---

1. Entrevista de Hartmut Weber a Bert Hellinger en la serie *Perspectivas evangélicas*, de Radio Baviera 2, el 15 de mayo de 1999.

familia. Después se centra en su intuición para posicionar a estas personas, relacionándolas en un espacio abierto. Lo curioso es que las personas que fueron elegidas de repente perciben los sentimientos, los comportamientos y, muchas veces, también los síntomas de los miembros de la familia que representan, sin haber recibido ninguna información previa. Eso es lo curioso. Así, se puede ver que en una familia no solo los vivos son significativos, sino también los muertos. Por tanto, también es posible representar en una constelación a los miembros muertos de la familia, por ejemplo, un hijo que murió a temprana edad, o que nació muerto, y fue olvidado. Así, se ve que estos muertos son sumamente significativos para los vivos. Por ejemplo, cuando un hijo que nació muerto fue olvidado —quizá ni siquiera se le diera un nombre—, en una constelación se puede ver que todos los miembros de la familia miran en la misma dirección. Eso indica que delante de ellos falta alguien. Si ahora, mediante un representante, coloco delante de la familia a este hijo que nació muerto, o que murió pronto, esta familia de repente se siente muy aliviada y completada. Eso muestra que los miembros muertos forman parte de la familia de la misma manera que los vivos.

HARTMUT WEBER ¿Cómo se le ocurrió integrar también a los muertos? ¿Fue una inspiración de un momento, quizá el resultado de una larga reflexión, o también de muchas experiencias, que paso a paso lo llevaran a esta comprensión?

HELLINGER Se desarrolló del trabajo con constelaciones familiares. Cuando todos miraban en una misma dirección, yo tenía que descubrir quién faltaba delante de ellos. Por tanto, preguntaba si había alguien que no hubiera sido mencionado. En consecuencia, muchas veces se nombraba a personas muertas, y, cuando después las colocaba delante de los demás miembros de la familia, el efecto era perceptible en todos. Detrás de todo esto actúa una imagen que se ha ido formando para mí a lo largo del tiempo, la imagen de que la familia tiene un alma común y que esta alma une tanto a los vivos como a los muertos, es decir, que esta alma también alcanza el reino de los muertos, y que los muertos están vinculados con los vivos, y los vivos, con los muertos. Este tipo de vínculo muchas veces es decisivo para la salud o la enfermedad de una persona.

Implicaciones sistémicas

HARTMUT WEBER Por tanto, se puede decir que, sin tener en cuenta también a los miembros muertos de la familia, determinados problemas psíquicos de una persona son imposibles de resolver.

HELLINGER Así es. Por ejemplo, un miembro olvidado, o que murió pronto, o que perdió la vida trágicamente y a quien no se le quiere recordar, buscará a un representante en la familia; o la Gran Alma, el alma familiar, busca a un representante para él. En consecuencia, en una de las generaciones posteriores, muchas veces alguien que personalmente no tiene nada que ver con lo ocurrido tiene que representar en su forma de vivir a esa persona que murió pronto o fue olvidada o excluida. Esto sería lo que yo defino como implicaciones sistémicas. En una constelación familiar, pues, se puede llegar a una solución con la ayuda de esta persona excluida, solución que libera y redime de las implicaciones a la persona implicada.

Transgredir los límites

HARTMUT WEBER Si lo veo bien, en la tradición cristiana existe una especie de tabú, es decir, se considera una transgresión de los límites cuando intentamos entrar en contacto con los muertos, con los fallecidos. De mis tiempos de estudiante de teología me acuerdo de la historia de la nigromante que hubo en tiempos del rey Saúl, quien, en una situación desesperada y a través de esa nigromante, intentó averiguar cosas que probablemente le ayudaron en ese momento, pero posteriormente fue castigado con la locura. ¿Es usted consciente de este tabú, y cómo maneja el hecho que en el fondo se trata de algo que durante mucho tiempo parecía estar prohibido?

HELLINGER Esta historia, para mí, encierra una profunda verdad que también se verifica en el trabajo con constelaciones familiares. Le daré un ejemplo. Hace poco, un hombre, tras configurar a su familia conmigo, comentó: «Aún tengo que añadir algo importante: soy judío». Eso fue en Suiza. Él mismo no había perdido a nadie de su familia, pero, a pesar de todo, la hermana de su madre se había suicidado y él mismo sentía un fuerte impulso de hacer lo mismo. Así ocurre muchas veces en esas familias judías, porque sienten el deseo de seguir a los muertos en un sentido más amplio, a los muchos muertos que perecieron. Este querer seguirlos es una transgresión.

Perpetradores y víctimas

En esa constelación elegí a siete representantes para las víctimas, y detrás de ellos puse a siete representantes de los perpetradores. Después, ya no hice nada más; únicamente les indiqué a las víctimas que se giraran y miraran a los ojos de los perpetradores. A continuación, empezó a desarrollarse un proceso que duró unos doce minutos, en el que yo no intervine para nada, y donde se inició una toma de contacto, un encuentro entre víctimas y perpetradores. En todo ese tiempo fue impresionante ver la necesidad de ambas partes, víctimas y perpetradores, de encontrarse. En ese encuentro, ambas partes de repente comprendieron que se hallaban al servicio de unos poderes que disponían de ellos, convirtiendo en perpetradores a unos y en víctimas a otros. Y en esa comprensión, de repente, se sentían reconciliados los unos con los otros. Al mismo tiempo, sin embargo, quedó patente que los muertos no consienten ninguna intromisión en este proceso por parte de los vivos. Ellos dicen: «Esto es asunto nuestro, los vivos no deben inmiscuirse aquí». Mirando, por ejemplo, la discusión sobre la conmemoración de las víctimas y de las fechorías de la época nazi, frecuentemente no es más que una intromisión en un proceso que en el fondo debería quedar reservado a los muertos, ya que los descendientes vivos de perpetradores y víctimas actúan como si ellos tuvieran que asumir este proceso, proceso que únicamente les corresponde a los muertos. Eso sería una transgresión.

HARTMUT WEBER Es decir, la transgresión sería el inmiscuirse o el querer seguir a los muertos; en cambio, no sería ninguna transgresión para usted si intentamos integrar a los muertos, procurando reconciliarnos con ellos –un concepto que usted emplea con mucho énfasis–, reconociéndolos, pidiéndoles su bendición, si lo he entendido bien.

Perfección y plenitud

HELLINGER Sí. En la mística cristiana y, en general, en la religiosidad cristiana, existe el gran concepto de la perfección. Así, por ejemplo, la aspiración a la perfección desempeña un papel muy importante en la vida de las órdenes y las comunidades religiosas. Ahora bien, a través de mi trabajo he podido comprobar que una persona experimenta la sensación de perfección, o de plenitud, cuando todos los que en el más amplio sentido de la palabra pertenecen a su familia –también, los muertos, y los malos, los excluidos, los olvidados– en su corazón y en su alma reciben un lugar. De repente, se siente completo. Esto refleja lo que ocurre en la constelación familiar: los miembros de la familia solo se sienten a gusto cuando todas estas personas excluidas también están representadas, cuando son reconocidas y reintegradas.

HARTMUT WEBER Quisiera volver brevemente sobre el fondo de esta idea, que para mí se presenta como religioso y teológico. Un terapeuta, Albrecht Mahr, lo expresó de la siguiente manera: no podemos saber dónde están los muertos realmente, pero el trabajo con constelaciones familiares nos sugiere que ellos y su destino se hallan comprendidos y actúan en el mismo espacio atemporal que nosotros mismos. Eso encaja con bastante exactitud con aquello que también usted presenta como premisa.

HELLINGER Sí. Una vez conocí un ejemplo fatal. Fue una familia en la que, a lo largo de los últimos cien años, tres hombres habían puesto fin a sus vidas suicidándose siempre a los 27 años un 31 de diciembre. Había, pues, alguna relación entre sus muertes, pero ellos no sabían nada el uno del otro. El hombre que me lo contó empezó a investigar y descubrió que el primer marido de su tatarabuela murió a la edad de 27 años un 31 de diciembre y que, probablemente, fue envenenado por la tatarabuela y su siguiente marido. Aquí se puede apreciar que un acto fatal actúa a través de muchas generaciones, que aquí, en el alma, en el alma familiar, existe una tendencia a expiarlo de manera que personas inocentes resultan implicadas en este destino. La solución fue que ese hombre, que personalmente también estuvo en peligro de suicidio, mirara a este antepasado muerto, que lo honrara y le dijera: «En mi corazón tienes un lugar». En ese momento se sintió libre de todas sus ideas de suicidio. Al mismo tiempo tuvo que decir: «La culpa se queda donde tiene que estar, con la tatarabuela y con su segundo marido». Es decir, a veces hay que arreglar algo en el pasado para que los vivos queden libres.

La imagen de Dios

HARTMUT WEBER En su libro *Der Abschied*, usted escribió: «No basta con mirar a las víctimas o a los perpetradores, o a ambos a la vez. Tanto las víctimas como los perpetradores están englobados en algo que actúa detrás de ellos. Por tanto, debe ser un poder que dirige la historia, también en sus aspectos terribles. Por una parte, es un poder terrorífico o, digamos, atemorizante en su grandeza y su incondicionalidad. Para ese poder, ambas partes son iguales, tanto víctimas como perpetradores. Por eso, víctimas y perpetradores pueden amarse cuando se sienten englobados en este poder. Solo cuando esto se admite, cuando entra en juego este aspecto religioso de trasfondo, puede darse la reconciliación y puede darse la libertad para los vivos». Pienso que estas frases resumen muy bien aquello que usted acaba de decir. Ahora bien, mi problema es el siguiente: esta es una imagen —usted habla de un poder, los cristianos frecuentemente hablan de Dios— muy diferente de aquella que tradicionalmente proclaman, por ejemplo, las iglesias. ¿No se establece aquí una barrera que a muchas personas puede dificultarles el acceso a su trabajo?

HELLINGER Hay una discusión entre muchos teólogos de renombre acerca de Dios después de Auschwitz y de que la imagen antigua de Dios ya no es viable. De repente, también se dan cuenta de que la imagen de Dios que nosotros nos formamos como de alguien que está por nosotros, que se preocupa de nosotros y, por así decirlo, centra todo su interés en nosotros, no puede resistir la realidad. Es decir, ahora más bien procuramos mirar primero la realidad, tal como transcurre, también con sus aspectos terribles, y abandonarnos a este poder, también en sus aspectos terribles. Así —y eso es lo sorprendente—, en las almas nace una profunda paz. De repente, se alcanza un nivel totalmente distinto de «hágase tu voluntad», un nivel muchísimo más profundo. Moviéndose en este nivel, lo terrible pierde muchos de sus aspectos, porque en lo hondo empieza a extenderse algo, una paz y una fuerza que no pueden lograrse de ninguna otra manera.

El Gran Dios

HARTMUT WEBER En algún momento dijo que, para usted, el momento más auténtico en la historia de Jesús de Nazaret era la hora de la cruz, donde exclama: «Dios mío, Dios mío, ¿por qué me has abandonado?» Los teólogos cristianos frecuentemente han interpretado que Jesús simplemente cita una oración del Antiguo Testamento. Usted lo comprende de otra manera.

HELLINGER Por supuesto, los teólogos tienen razón cuando dicen que se trata de la primera frase de un salmo. Puede interpretarse así, y, desde este punto de vista, la historia cristiana se entiende de una forma que sugiere la Salvación en el sentido cristiano. Lo otro que yo veo en ello es: si esta frase se toma en serio, Dios es grandísimo, y así, incluso Jesús, en su grandeza, es pequeño. Dios no le da su honor a nadie, ni siquiera a Jesús. En este último despojamiento y abandono se trasluce Dios, y el hombre, en su dependencia de Dios, se vuelve grande si lo reconoce. Para mí, esto es mucho más grande que todo lo demás que se pueda decir al respecto.

Vivos y muertos

HARTMUT WEBER Usted dice que en su trabajo con constelaciones, precisamente con los muertos, se evidencia que los vivos pueden hacer algo por los muertos, y que deberían hacerlo. Asimismo, también los muertos pueden hacer algo por los vivos. ¿Podría explicarnos un poco más este concepto?

La presencia de los muertos en nuestra vida

HELLINGER En las constelaciones, sobre todo cuando se configuran con víctimas del Holocausto, se muestra claramente que estos muertos se sienten apagados y, en el fondo, mal. Cuando, por fin, los vivos los miran y los honran, y a la vez permiten que los muertos los miren a ellos, esta sensación de estar muertos cobra otra cualidad. De repente, se sienten más unidos y presentes. Se encuentran mejor. Y también los vivos se encuentran mejor. La causa de que los vivos teman mirar a los muertos de esta manera reside en que ellos mismos no encaran lo terrible que actúa en el trasfondo, que no confrontan el poder terrible que se halla detrás. Por tanto, es un acto religioso si me atrevo a mirar a los ojos a un muerto que pereció de esta forma, y si me expongo a su mirada, descubriendo de repente que él es grande y ha alcanzado su plenitud, y que yo aún estoy inacabado. Así, dándole la honra, experimento que este muerto se dirige a mí con amor, y que de él recibo una bendición que me mantiene con vida y que enriquece mi vida. En este sentido, el muerto influye sobre los vivos, pero antes también el vivo influye sobre los muertos.

La reconciliación

HARTMUT WEBER ¿Iría usted tan lejos como el ya antes citado Albrecht Mahr, quien dijo que este tipo de constelaciones para él tienen algo que ver con oración?
HELLINGER Sí.
HARTMUT WEBER ¿Podría explicarnos cómo habría que entender esta afirmación?
HELLINGER En las constelaciones se desarrolla algo, sobre todo cuando el terapeuta no interviene; por ejemplo, que los representantes, de repente, se sienten fulminados por un poder. Así, uno cae al suelo, casi desmayado, y, si se entrega al movimiento com-

pleto, y cuando también la persona a la que todo esto se refiere se entrega al movimiento completo, se da una reconciliación. Es decir, esta fuerza terrible actúa hacia una reconciliación, hacia un amor muy profundo, y así cada uno se siente profundamente conmovido y enriquecido, también en un sentido religioso. Y todo esto ocurre por sí solo, sin que nadie influya desde fuera. Aquí se muestra que la fuerza que actúa detrás tiene varios aspectos, y cuando uno lo presencia se siente conmovido a un nivel religioso. En este sentido se puede decir así.

HARTMUT WEBER Supongo que también se podría decir que solo una percepción real y auténtica es algo liberador y redentor. Esto me devuelve otra vez a nuestro comentario de un principio, que a veces se tiene la sensación de que los asuntos que más violentamente apartamos se vuelven tanto más imperiosos y cargantes para nosotros, mientras que aquí sería justamente al revés, que precisamente la percepción de los muertos tiene algo liberador, algo sanador para nosotros. Todo esto, para mí, también va relacionado con las frases que usted pronuncia muchas veces en constelaciones, donde me parece haber descubierto algo así como unos pasos determinados. En un lado, sí que hay el anhelo y el dolor por los muertos, cuando se dice: «Te echamos de menos». Después, muchas veces el pedir la bendición: «Por favor, bendíceme. Mírame con buenos ojos». Después, la referencia a la vida que sigue: «Aún me quedaré un poco; después, también vendré». Y, finalmente: «Te doy un lugar en mi corazón». Solo citándolas, estas ya serían para mí frases beneficiosas, que comprenden algo liberador, algo sanador. Pienso que este es el centro de su trabajo.

La percepción

HELLINGER Se trata de una forma especial de la percepción, que suelo definir como «comprensión a través de la renuncia».

Uno no puede idearse nada de esto, sino que conteniéndose al máximo como terapeuta –por ejemplo, en el trabajo con constelaciones familiares–, sin saber cómo seguirá y manteniéndose plenamente centrado, de repente surge una comprensión, y a veces también surge una palabra de estas, una frase de estas. Cuando esa frase se pronuncia, actúa. Es algo totalmente distinto que si yo me ideo algo y lo digo, lo cual no produce ninguna respuesta ni ningún efecto. Suelo definir este tipo de percepción como fenomenológica. Significa que estoy centrado en el asunto sin ninguna intención determinada y, sobre todo, sin ningún miedo, sin el miedo ante lo que salga a la luz, y sin el miedo ante lo que otros puedan decir. Por tanto, se exige un desprendimiento íntimo antes de alcanzar esta percepción. Después tiene este impacto. Mirándolo bien, esta forma de actuar es religiosa, ya que lo humano, el querer y el ego, el yo, pasan a un segundo plano.

HARTMUT WEBER ¿Hasta qué punto –ya lo señalé antes– es necesario que las personas que trabajan con usted aporten también estos fundamentos religiosos con los que usted cuenta de forma directa o indirecta? Para personas que dicen que «todo esto nos es incomprensible», ¿es realmente posible trabajar con usted? ¿Cómo funciona con cristianos tradicionales?

HELLINGER Este trabajo se basa sobre la experiencia y la percepción inmediatas, sin ningún tipo de condiciones previas. Es decir, a través de este trabajo, por así decirlo, la persona también recibe una educación religiosa. Hace experiencias religiosas, en un sentido muy abierto, sin que yo pretenda definirlas más explícitamente. Obtiene unas experiencias de una unión con otras fuerzas, más profundas, con un alma más grande que supera todo aquello que él había pensado antes. Por tanto, no se piden condiciones previas. Para los cristianos, este trabajo muchas veces ofrece un impulso para enfrentarse de nuevo a los contenidos establecidos de la fe y, quizá, profundizarlos.

Epílogo

HARTMUT WEBER El tiempo de nuestro programa se acaba. Creo que en esta temática tan difícil y altamente complicada solo hemos podido tocar de pasada los puntos más importantes, y espero que esto nos lleve a profundizar un poco más en estas ideas, permitiendo que se vayan desplegando en nuestro interior. Señor Hellinger, para terminar, le pediría tomar la última palabra y leernos el epílogo que usted escribió para su libro *Der Abschied (El adiós)*, porque pienso que en él se resume toda la intención de su trabajo.
HELLINGER «Ahora me despido de los muertos y de los perpetradores. Ellos, al igual que nosotros, tienen el derecho a que su fatalidad al cabo de un tiempo pueda ser pasado. Entonces también nosotros podemos tratar el pasado como Lot, quien, sin volver su mirada, dejó atrás la ciudad de Sodoma. Pero, al igual que Jacob, quien al cruzar el Yabboq no pudo dejar al ángel que forcejeaba con él, antes de recibir su bendición, así también nosotros no podemos dejar a estos muertos hasta que ellos hayan sido reconocidos por nosotros, y nosotros, bendecidos por ellos. Entonces se retiran quietamente, y nosotros, libres aunque marcados, atravesamos con nuestros bienes el río que, por un tiempo, aún nos separa de ellos».

LA FUERZA DEL CENTRO VACÍO[1]

Para empezar, contaré una historia:

El entendimiento

Un hombre quiere saberlo, por fin. Se monta en su bicicleta, se va al campo abierto y, lejos de lo habitual, encuentra otro sendero. Ahí no hay indicaciones y así se fía de lo que con sus ojos ve delante de sí, y de lo que su paso puede recorrer. Le impele una cierta alegría de descubrir, y lo que antes más bien era un presentimiento para él ahora se torna certeza. Pero, después, el sendero termina a orillas de un río ancho, y el hombre baja de su bicicleta. Sabe que, si aún quiere seguir más allá, tendrá que dejar en la orilla todo lo que lleva encima. Entonces perderá su terreno firme y será llevado e impulsado por una fuerza que puede más que él, de manera que tendrá que confiarse a ella. Y por eso vacila y retrocede.

Al dirigirse de nuevo hacia su casa, se da cuenta de que sabe poco de las cosas que ayudan, y que le es difícil de transmitir a otros. Demasiadas veces le ha pasado lo de un hombre que sigue a otra bicicleta, cuyo guardabarros golpetea. Le grita:

—¡Eh, tú! ¡Tu guardabarros golpetea!
—¿Qué?

---

1. Ponencia en el Segundo Congreso Mundial de Psicoterapia, el 6 de julio de 1996, en Viena.

—¡Tu guardabarros golpetea!
—¡No te entiendo! —responde el otro—. ¡Mi guardabarros golpetea!
«Algo ha ido mal aquí», piensa. Luego pisa el freno y da la vuelta. Poco después, pregunta a un maestro anciano:
—¿Cómo haces tú cuando ayudas a otros? Muchas veces vienen a verte personas, pidiéndote consejo en asuntos de los que sabes poco. Pero después se encuentran mejor.
El maestro le dice:
—No depende del saber, si uno se para en el camino, y no quiere seguir adelante. Porque busca seguridad donde se pide valor y libertad donde la verdad ya no le deja elección. Y así va dando vueltas. El maestro, sin embargo, resiste al pretexto y a la apariencia. Busca el centro, y allí recogido espera —como uno que extiende las velas ante el viento—, si acaso le alcanza una palabra eficaz. El otro, al acercarse a él, lo encuentra allí donde él mismo tiene que llegar, y la respuesta es para ambos. Ambos son oyentes. Y aún añade:
—El centro se distingue por su levedad.

Epistemología científica y epistemología fenomenológica

Son dos los movimientos que llevan a la comprensión. El uno se extiende, pretendiendo abarcar lo desconocido hasta poseerlo y poder disponer de ello. De esta índole es el esfuerzo científico, y bien sabemos lo mucho que ha contribuido a cambiar, a asegurar y a enriquecer nuestro mundo y nuestra vida.

El segundo movimiento resulta cuando, aún durante el esfuerzo de tender nuestro pensar, nos paramos y, de algo concreto que podríamos captar, dirigimos la mirada a un conjunto. Es decir, la mirada está dispuesta a asimilar simultáneamente lo mucho que ante ella se extiende.

Entregándonos a este movimiento, por ejemplo, ante un paisaje, o una tarea, o un problema, nos damos cuenta de cómo nuestra mirada a la vez se llena y se vacía, ya que únicamente podemos exponernos a la plenitud y resistir su impacto prescindiendo de los detalles. Para ello, nos detenemos en el movimiento que se lanza, retirándonos un poco hasta llegar a aquel vacío capaz de resistir la plenitud y la gran variedad.

Este movimiento que se detiene y después se retira lo defino como *fenomenológico*. Este nos conduce a otras comprensiones que el movimiento que se lanza hacia el entendimiento. Ambos, sin embargo, se complementan, ya que, también en el movimiento que se extiende hacia el entendimiento científico, a veces tenemos que detenernos para dirigir nuestra mirada de lo estrecho a lo amplio y de lo próximo a lo lejano. Por otra parte, también la comprensión lograda mediante el procedimiento fenomenológico requiere la comprobación en lo individual y más próximo.

El proceso

En el camino de la epistemología fenomenológica, la persona se expone a la gran variedad de fenómenos ante un determinado horizonte, sin seleccionarlos ni valorarlos. Así pues, este camino del entendimiento requiere que la persona se vacíe, tanto en relación con las ideas que hasta ese momento albergaba, como también en relación con los movimientos interiores, sea a nivel emocional, voluntario o de juicios. Aquí, la atención está a la vez orientada y no orientada, centrada y vacía.

La actitud fenomenológica requiere una disposición atenta para actuar, pero sin pasar a la realización. Gracias a esta tensión, nuestra capacidad y nuestra disposición para la percepción se potencian extraordinariamente.

Quien logra sostener esta tensión experimenta, al cabo de un tiempo, cómo lo mucho que con su horizonte abarca se va formando alrededor de un centro, y de repente descubre un contexto, quizá un orden, una verdad, o el paso que le lleva más allá. Esta comprensión viene de fuera, por así decirlo, se experimenta como un regalo y, por regla general, es limitada.

La renuncia

La primera premisa para la comprensión lograda de esta forma es una actitud desinteresada. Quien guarda intenciones aborda la realidad con contenidos propios, pretendiendo, quizá, cambiarla de acuerdo con una imagen preconcebida, o influir y convencer a otros según esta imagen. Pero así actúa como si frente a la realidad se hallara en una posición superior, como si ella fuera el objeto para su sujeto, y no al revés, él el objeto de la realidad. Aquí se evidencia la renuncia que nos exige el desistir de nuestras intenciones, incluso de nuestras buenas intenciones. Aparte de que también la sensatez exige esta renuncia, ya que, como muestra la experiencia, aquello que obramos con buenas intenciones, e incluso con la mejor de las intenciones, frecuentemente sale mal. La intención no sustituye a la comprensión.

La valentía

La segunda premisa para esta comprensión es una actitud libre de temor. El que siente miedo de lo que la realidad saca a la luz se pone anteojeras. Y el que siente miedo ante lo que otras personas pensarán y harán si él comunica lo que percibe se está cerrando ante cualquier comprensión ulterior. Y quien, como terapeuta, tiene miedo de encarar la realidad de un cliente, por ejemplo, la realidad de que solo le queda poco tiempo, acaba infundiendo miedo al otro, porque este ve que el terapeuta no está a la altura de esa realidad.

La concordancia

Una actitud libre de intenciones y de temor permite la concordancia con la realidad tal como es, también con su lado temible, arrollador y terrible. Por tanto, el terapeuta está en concordancia con la felicidad y la desdicha, con la inocencia y la culpa, con la salud y la enfermedad, con la vida y la muerte. Pero justamente de esta concordancia gana la comprensión y la fuerza de enfrentarse también a la fatalidad y, en concordancia con esta realidad, a veces puede darle un giro. También a este respecto contaré una historia:

Un discípulo se dirigió a un maestro:
—¡Dime lo que es la libertad!
—¿Qué libertad? —le preguntó el maestro—. La primera libertad es la necedad. Se asemeja al caballo que, relinchando, derriba a su jinete. Pero tanto más fuerte siente su mano después. La segunda libertad es el arrepentimiento. Se asemeja al timonel que se queda en el barco naufragado, en vez de bajar al bote salvavidas. La tercera libertad es la comprensión. Ella viene después de la necedad y después del arrepentimiento. Se asemeja a la brizna que se balancea con el aire y, porque cede donde es débil, se sostiene.
El discípulo preguntó:
—¿Esto es todo?
Replicó el maestro:
—Algunos piensan que son ellos mismos los que buscan la verdad de su alma. Pero la Gran Alma piensa y busca a través

de ellos. Al igual que la naturaleza, puede permitirse muchos errores, ya que sin esfuerzo sustituye a los jugadores equivocados por otros nuevos. A aquel, sin embargo, que deja que sea ella la que piense a veces le concede algún margen de movimiento, y como el río lleva al nadador que se entrega a sus aguas, también ella lo lleva a la orilla, uniendo sus fuerzas a las de él.

Fenomenología filosófica

Ahora quisiera decir algo acerca de la fenomenología filosófica y de la fenomenología psicoterapéutica. En la fenomenología filosófica se trata de percibir lo esencial de entre la gran variedad de fenómenos, exponiéndome a ellos por completo, con mi mayor superficie, por así decirlo. Este algo esencial surge repentinamente de lo oculto, como un destello, y siempre sobrepasa en mucho aquello que yo podría imaginarme o llegar a entender lógicamente, partiendo de premisas o conceptos. A pesar de todo, nunca es completo. Sigue envuelto por lo oculto, como todo ser por el no-ser. Esta fue la actitud que me ha llevado a comprender los aspectos esenciales de la conciencia, por ejemplo, que actúa como un órgano del equilibrio sistémico que me permite percibir inmediatamente si me encuentro en concordancia con el sistema, o no; si aquello que hago me conserva y asegura la pertenencia, o si pone en peligro y menoscaba mi pertenencia. Por tanto, en este contexto, la buena conciencia no significa más que puedo estar seguro de que aún formo parte del grupo.

Y la mala conciencia significa que tengo que temer que ya no formo parte del grupo. Así pues, la conciencia tiene poco que ver con leyes y verdades siempre válidas, sino que es relativa y variable de grupo en grupo. De la misma manera también he comprendido que la conciencia reacciona de manera totalmente distinta donde no se trata del derecho a la pertenencia tal como acabamos de describirlo, sino del equilibrio entre dar y tomar, y que aún reacciona de otra forma cuando vela por los órdenes de la convivencia. Cada una de estas funciones de la conciencia se controla y se impone mediante diferentes sentimientos de inocencia y de culpa.

Sin embargo, la diferencia más importante que se ha mostrado es la distinción entre la conciencia que sentimos y la conciencia oculta. Así, justamente por seguir a la conciencia que sentimos, atentamos contra la conciencia oculta, y, aunque por la conciencia que sentimos nos creamos inocentes, la conciencia oculta castiga este acto como una culpa. El contraste entre estas dos conciencias es la base de toda tragedia, lo cual, en el fondo, no quiere decir otra cosa que tragedia familiar. Esta disonancia lleva a aquellas implicaciones trágicas que en el seno de la familia producen enfermedades graves, accidentes y suicidios. Y también es esta diferencia la culpable de muchas tragedias relacionales, cuando una relación de pareja se rompe a pesar de todo amor.

Fenomenología psicoterapéutica

Ahora bien, estas comprensiones no han podido lograrse únicamente a través de la percepción filosófica y de la aplicación filosófica de la epistemología fenomenológica. Aún pedían otro acceso más, acceso que yo suelo llamar *saber participativo*. Este acceso se abre a través del trabajo con constelaciones familiares, siempre que este se realice de forma fenomenológica.

Para configurar la constelación de su familia, el cliente, de entre un grupo de participantes, arbitrariamente elige a representantes para sí mismo y para los demás miembros significativos de su familia, por ejemplo, el padre, la madre y los hermanos.

A continuación, centrándose en su intuición, los posiciona en un espacio abierto, relacionándolos según su imagen interior. A través de este proceso, de repente surge algo que le sorprende. Es decir, durante el proceso de configuración entró en contacto con un saber que antes le era inaccesible. Así, hace poco, un compañero me contó que a raíz de una constelación se evidenció que la cliente tenía que representar a una novia anterior del padre. Ella preguntó al padre y a otros familiares, pero todos le aseguraron que estaba equivocada. Unos meses más tarde, su padre recibió una carta desde Bielorrusia. Una mujer que durante la guerra había sido su gran amor, tras una larga búsqueda había conseguido, por fin, averiguar su dirección.

Pero esta es solo una parte, la del cliente. La otra parte es que los representantes, una vez que se encuentran configurados, sienten como las personas que representan. A veces también desarrollan los síntomas físicos de estos. Incluso he visto casos en los que interiormente oían los nombres de aquellas personas. Todo esto se vive sin que los representantes tengan ninguna información previa de aquella familia, únicamente saben a quiénes representan. Se evidencia, pues, que entre el cliente y los miembros de su sistema actúa un campo de fuerza lúcido que hace posible acceder a un saber sin ninguna transmisión exterior y, lo cual resulta aún más sorprendente, también los representantes, que por lo demás no tienen nada que ver con esa familia ni tampoco pueden saber nada de ella, pueden conectar con ese saber y con la realidad de esa familia.

Naturalmente y de manera muy especial, lo mismo se aplica también al terapeuta; con la única condición de que tanto el terapeuta como el cliente y los representantes estén dispuestos a encarar la realidad que aquí se está abriendo paso, asintiendo a ella tal como es, sin intenciones ni miedos, y sin remontarse a teorías o experiencias anteriores. Esta sería, pues, la actitud fenomenológica aplicada a psicoterapia. También aquí la comprensión se halla en la renuncia, en el desprendimiento de toda intención, y en el asentimiento a la realidad tal como se presenta. Sin esta actitud fenomenológica, es decir, sin el asentimiento a aquello que se muestra, sin querer exagerar ni mitigar o interpretarlo, el trabajo con constelaciones familiares no se mueve más que en la superficie, cayendo en el error con facilidad y careciendo de fuerza.

El alma

Aún más sorprendente que este saber transmitido a través de la participación es el hecho de que este campo consciente, o, como yo prefiero llamarlo, esta alma consciente que sobrepasa y dirige al individuo, busca y encuentra soluciones que superan en mucho aquello que nosotros podemos imaginar, produciendo efectos de un alcance inaccesible para nuestro actuar planificado. Esto se muestra más claramente en aquellas constelaciones en las que el terapeuta se retiene al máximo, por ejemplo, configurando a personas importantes para después, sin ninguna indicación ulterior, abandonarlas a aquello que desde fuera se apodera de ellas como una fuerza irresistible, conduciéndolas a comprensiones y experiencias que de otra manera parecerían imposibles.

Fenomenología religiosa

Aquí, los niveles de la filosofía y de la psicoterapia se sustituyen por otro, más extenso, en el que nos experimentamos como expuestos a un Todo mayor que necesariamente tenemos que reconocer como un Último que determina a todos. También podría llamarse el nivel religioso o espiritual. Pero también aquí me mantengo en la actitud fenomenológica, sin intenciones, sin temor, sin condiciones previas, simplemente con aquello que se muestra. Lo que esto significa para la comprensión y la realización religiosas lo describo en una tercera historia.

La vuelta

Alguien nace en su familia, en su país y su cultura, y ya de niño oye quién, hace tiempo, fue su modelo y su maestro, y siente el profundo anhelo de hacerse y de ser como él. Se une a un grupo de iguales, se ejercita en una disciplina de largos años, y sigue al gran modelo hasta ser idéntico a él, y pensar y hablar y sentir como él. Pero una cosa, piensa, aún le falta. Así emprende un largo camino para, quizá, aun superar en la soledad más lejana una última frontera. Pasa por jardines antiguos, desde hace tiempo abandonados. Aún florecen rosas silvestres y altos árboles traen su fruto cada año, pero este cae al suelo sin cuidado por no haber nadie que lo quiera. Después comienza el desierto.

Pronto le rodea un vacío desconocido. Le parece como si aquí cualquier rumbo fuera indiferente, y también las imágenes, que a veces ve delante de sí, pronto se muestran vacías. Camina siguiendo su impulso y, cuando ya hace tiempo que no se fía de sus sentidos, de repente ve el manantial: brota de la tierra, y la tierra lo vuelve a recibir. Pero allí donde su agua llega el desierto se convierte en un paraíso.

Al mirar a su alrededor, ve a dos desconocidos que se acercan. Ellos hicieron lo mismo que él: como él, emprendieron un largo camino para, quizá, aun superar en la soledad del desierto una última frontera; y encontraron, como él, el manantial. Juntos se agachan, beben de la misma agua, y ya creen la meta casi conseguida. Después, se confían sus nombres:

—Yo soy Gautama, el Buda.
—Yo soy Jesús, el Cristo.

—Yo soy Mahoma, el Profeta.

Después, llega la noche y encima de ellos, como siempre, destellan las estrellas, inalcanzables en su lejanía y en su quietud. Todos enmudecen, y uno de los tres se sabe cerca de su gran modelo como nunca. Le parece como si por un momento pudiera intuir cómo se sentía cuando lo supo –la impotencia, la inutilidad, la humildad– y cómo debería sentirse si también conociera la culpa.

A la mañana siguiente, da la vuelta y sale salvo del desierto. Una vez más su camino le lleva por los jardines abandonados, hasta acabar en uno que es el suyo. Delante de la entrada se encuentra un hombre mayor, como si lo hubiera estado esperando. Le dice:

—Quien, como tú, de tan lejos encontró el camino de vuelta ama la tierra húmeda. Sabe que todo, si crece, también muere, y, si acaba, también nutre.

—Sí –responde el otro– estoy de acuerdo con la Ley de la Tierra.

Y empieza a trabajarla.

RELIGIÓN Y PSICOTERAPIA[1]

Tanto la psicoterapia como las religiones buscan la salvación y la sanación del alma y, a través del alma, buscan la salvación y la sanación de la persona en su totalidad. Este hecho las une. Pero también se distinguen, ya que, por sus orígenes, la psicoterapia se sabe en deuda con la ciencia y el esclarecimiento, manteniendo, por tanto, una actitud crítica ante las religiones tradicionales. Para las religiones, este hecho ha sido saludable en muchos aspectos, puesto que la psicoterapia, a través de sus comprensiones, obliga a las religiones a purificarse, es decir, a dejar las imágenes, las esperanzas y los miedos míticos para volver de nuevo a sus principios y a sus raíces.

Alma y yo

No obstante, también en psicoterapia se plantea la pregunta de hasta qué punto no sucumbe al hechizo de imágenes y esperanzas arcaicas, necesitando ella misma una desmitificación. Basta con señalar que también el yo, de la manera que fascina a algunos psicoterapeutas, representa una imagen mítica que alimenta esperanzas míticas, tratando de apaciguar los miedos de una manera casi supersticiosa.

---

1. Ponencia en las Primeras Jornadas *Constelaciones familiares en la práctica,* el 11 de abril de 1997, en Wiesloch (Alemania).

También el hecho de que el alma, tanto en las religiones como en la psicoterapia, sea considerada algo personal me parece un mito, ya que, mirando sin prejuicios el actuar del alma, se ve que no somos nosotros los que tenemos y poseemos un alma, sino que el alma nos tiene y nos posee a nosotros; que el alma no está a *nuestro* servicio, sino que ella nos toma a *su* servicio. Así pues, existe un sinfín de preguntas que atañen tanto a la religión como a la psicoterapia.

El procedimiento

Mi procedimiento es fenomenológico. Es decir, intento dejar de lado lo habitual, hasta donde me sea posible, también las teorías y las convicciones, para exponerme a la realidad experimentable, tal como se muestra y como va cambiando con el tiempo. Después, espero a ver si de lo oculto aparece algo que, de repente, como un relámpago, cae e ilumina en el sentido de algo verdadero y esencial, algo que establece la sintonía con una realidad que sobrepasa en mucho el saber, el planear y el querer del yo, probando su veracidad por sus efectos.

Alma y yo en la religión

Comenzaré por la religión, preguntando primeramente qué ocurre en una persona cuando esta se experimenta como religiosa.

Mirando a personas religiosas vemos que son conscientes de depender de fuerzas cuyo actuar permanece misterioso. A la vista de tales experiencias toman una actitud de profundo respeto, de humildad o de devoción ante algo misterioso que no comprenden. Esta es la verdadera actitud religiosa. Nos lleva más bien a dar un paso hacia atrás que no hacia adelante, está libre de reivindicaciones y se halla en concordancia y en paz. Yo la llamo la religión del alma. Sin embargo, existe un ámbito en el alma que no soporta esta actitud de respeto. En su lugar intenta apoderarse de la realidad detrás de los fenómenos, influir en ella y someterla, por ejemplo, a través de ritos, sacrificios, expiación y oración. Esta sería, para mí, la religión del yo.

También se halla una resonancia de la religión del alma en la religión del yo, ya que igualmente aquí se reconoce una realidad que nos sobrepasa; al mismo tiempo, sin embargo, se intenta suprimir el carácter oculto de esta realidad para disponer de ella. En el fondo, esto es una contradicción. En consecuencia, la religión se degenera en el punto en el que pretendemos descubrir el misterio y manejarlo en vez de respetarlo. De esta manera, ya nos viene trazado el camino de purificación para las religiones y para la realización religiosa: es el camino que abandona al yo para volver al alma.

Las religiones reveladas

Especial importancia revisten para nosotros las religiones reveladas, es decir, aquellas religiones que se remontan a una persona que les dijo a otros que había recibido una revelación de Dios, y que les insiste a otros, muchas veces bajo la amenaza de una condena eterna, para que crean en su revelación. Las religiones reveladas —para nosotros, sobre todo el cristianismo— son como el punto culminante de una religión del yo. No solo el Dios del que dicen que se reveló es un yo con todas las propiedades de un yo; también el revelador habla como un yo que les exige a otros que sometan su propio yo al de él.

Sin embargo, mirando también este proceso libremente y sin prejuicios, nos damos cuenta de que el revelador únicamente está hablando de sí mismo, y que la fe que exige, al fin y al cabo, no es más que una fe en *él*. De esta manera, afirma al mismo tiempo que Dios no le concederá ninguna revelación similar a nadie más, que, por tanto, todos los demás quedan excluidos de una revelación similar, y que Dios mismo se somete a esta revelación para todos los tiempos. Así pues, a través de su revelación, el revelador no solo se eleva por encima de sus adeptos, sino también por encima del Dios que proclama. Por tanto, son sobre todo las religiones reveladas las que más necesitadas se encuentran de esclarecimiento y de purificación.

La comunidad religiosa

Mirando más detenidamente el desarrollo del individuo, nos llama la atención que su sentir, creer y actuar religiosos comienzan en la familia, y que sus ideas religiosas le vienen dadas por su familia. Antaño, la religión era una de las condiciones indispensables para la pertenencia a la familia. Las infracciones de esta ley eran experimentadas como una traición de la familia, por lo que se castigaban en consecuencia. Por este motivo, el abandono de la religión de la familia se vivía —y en parte aún hoy en día se vive— menos como un abandono de la religión, que no como un abandono de la familia, con el temor de perder la pertenencia a la familia. Bien mirado, este miedo no tiene nada que ver con los contenidos religiosos, puesto que se manifiesta de maneras similares en familias que pertenecen a religiones diferentes, independientemente de sus enseñanzas y de sus prácticas. También se vive con más o menos fuerza según el grado en el que una familia se toma en serio su religión. Lo mismo se aplica también a las actitudes llamadas arreligiosa o atea. También estas resultan vinculantes en la medida en que constituyen una condición para la pertenencia a la familia.

Estas religiones, por tanto, son religiones de un grupo. Frecuentemente, estos grupos se distancian de otros grupos a través de la religión, se sienten superiores a otros por su religión, y procuran extender la influencia de su religión y de su grupo a costa de otros. A veces, a través de su religión justifican también la represión de otros grupos. Asimismo, las convicciones políticas son a veces defendidas con un fervor similar, teniendo consecuencias similares.

Estos grupos actúan como un yo más extenso. Así pues, la religión del grupo es una religión del yo en un sentido acrecentado. En estas religiones del yo de grupo, por tanto, no solo se trata de apoderarse de una realidad oculta, sino también de ganar poder sobre otras personas y grupos.

La religión natural

A pesar de todo, en el seno de las diversas religiones, y por encima de la vinculación con la familia y con el grupo, existe una profunda piedad personal, que, si bien respeta las formas exteriores por lealtad al propio grupo, interiormente, sin embargo, supera en mucho sus contenidos. Así, por ejemplo, las corrientes místicas en el cristianismo y en el islam se acercan tanto que las diferencias entre las religiones de las que provienen casi parecen suprimirse.

Así pues, más allá de aquello que separa en las tradiciones, las creencias y los ritos religiosos, existe una experiencia y una actitud religiosas que son personales, independientes de la religión del grupo, y que tienen que ver con la experiencia del mundo y de los límites que este nos impone, experiencia común de todos los seres humanos. Puesto que esta actitud religiosa es accesible de la misma manera para toda persona, también podríamos llamarla la religión natural. Esta no requiere ni doctrina ni práctica. A diferencia de las demás religiones, aquí no hay ninguna superioridad frente a los demás, ni ansias de poder, ni propaganda. Aquí, cada uno es individuo. Y es por esto que la religión natural une donde otras religiones separan.

La religión natural es un logro personal, quizá, el logro personal supremo. Describiré las características de esta actitud sirviéndome del ejemplo de los principios de la filosofía. Los primeros filósofos de los que tenemos noción en Occidente supieron prescindir interiormente de las ideas tradicionales sobre el hombre y la naturaleza, para exponerse a la realidad tal como se les presentaba, sin reservas ni miedos. Lo primero que experimentaron fue el asombro, el asombro de que algo existiera. De que la vida emerge de algo que permanece oculto, y que vuelve a caer en este algo oculto. Este asombro ante la realidad, tal como se presenta, es una devoción ante aquello que es, sin esquivarlo ni querer interpretarlo. Esta devoción es el guardar silencio ante un misterio, sin pretender saber más de lo que por sí solo nos muestra. Es el asentimiento a los límites que la realidad experimentable nos pone, sin querer suprimir ni superarlos. Esta actitud es profundamente religiosa, pero de una manera natural y humilde.

Religión como huida

En las religiones tradicionales, en cambio, se encuentran muchos elementos que no son más que intentos de esquivar esta realidad y de buscar la redención de ella; un intento de cambiar la realidad experimentable de acuerdo con los propios deseos e imágenes; de reinterpretarla en vez de encararla; de descubrir su misterio en vez de respetarlo. Pero sobre todo es el intento de oponerse a la corriente de la efimeridad, y el intento del yo de apoderarse de una realidad inabarcable para servirse de ella.

Detrás de estas ideas se hallan esperanzas y miedos arcaicos, de tiempos en los que el hombre en todos los aspectos se experimentaba como dependiente. En consecuencia, intentaba conjurar lo inquietante y lo peligroso con la ayuda de medios y ritos mágicos. De esas profundidades arcaicas del alma nace la necesidad de sacrificio, de apaciguamiento, de expiación, de influencia. Con el tiempo y con la costumbre, estas necesidades se cristalizan en convicciones, sin que a su alrededor se encuentren indicios de que estas convicciones realmente correspondan a la realidad. Seguramente, estas imágenes arcaicas son en gran parte transferencias de experiencias humanas a lo oculto, ya que esa actitud religiosa transfiere las experiencias de compensación, de apaciguamiento, de expiación y de influencia de las relaciones humanas a lo otro oculto, que intuimos pero no conocemos.

Ante este trasfondo resalta tanto más el esfuerzo que la religión natural le exige al individuo, cuánto más purificación y renuncia a toda influencia y poder.

Filosofía y psicología

Sin duda es uno de los méritos de la filosofía y de la psicología habernos abierto el camino a la contemplación sin prejuicios de la realidad y de sus límites, y, de esta manera, haber contribuido también al reconocimiento de la religión en su forma natural. En psicología habrá que señalar a Freud, que comprendió que muchas ideas religiosas no eran más que proyecciones. O también a C. G. Jung, quien reconoció las imágenes de Dios como ideales del yo, o como arquetipos transmitidos.

El análisis más radical de la religión judeo-cristiana y de sus fundamentos y consecuencias lo encontré en Wolfgang Giegerich, en sus libros de *Die Atombombe als seelische Wirklichkeit (La bomba atómica como realidad del alma)* y *Drachenkampf oder Initiation ins*

Nuklearzeitalter (La lucha con el dragón o iniciación a la era nuclear). Se trata de un ensayo profundo sobre el espíritu del Occidente cristiano. Así, por ejemplo, Giegerich demuestra que tanto las ciencias naturales como la técnica modernas no son más que una continuación de las intenciones fundamentales del cristianismo, en el sentido de la religión del yo, y que, lejos de ponerlas en cuestión, las aplican y la cumplen hasta la última consecuencia.

Yo mismo he comparado las experiencias de las relaciones familiares con las ideas y los comportamientos religiosos, y he podido ver cómo las relaciones con el misterio religioso se orientan en las imágenes y las experiencias familiares. Este Dios es provisto de características, intenciones y sentimientos comparables a las experiencias con reyes y soberanos. Así pues, este Dios está arriba y nosotros, abajo. De la misma manera, suponemos que él guarda celosamente su honor, que se le puede ofender, que juzga, premia y castiga, siempre en función de cómo actuemos con él. Al igual que un soberano ideal, también tiene que ser justo y benéfico, y tiene que protegernos de los contratiempos y de nuestros enemigos. Así, también lo llamamos «nuestro» Dios con toda naturalidad. Al igual que un rey, también él tiene una corte —los ángeles y los santos—, y muchos esperan en algún momento poder formar parte de este séquito como elegidos suyos.

Otros patrones que de nuestra experiencia transferimos a lo otro oculto son la relación de un niño con sus padres y su relación con la familia y la red familiar. Así, nos imaginamos lo otro oculto como un padre o una madre, adhiriéndonos a la comunidad de los santos como a una familia o una red familiar. Asimismo, también se puede observar que a muchos buscadores de Dios les falta el padre, y que su búsqueda de Dios se acaba cuando encuentran al padre de verdad; o que a muchos ascetas les falta la madre, por ejemplo, en el caso del Buda.

O se transfiere a lo otro oculto el patrón de dar y tomar como en una relación de negocios, por ejemplo, en los votos.

O se transfiere a lo otro oculto el patrón de la relación entre hombre y mujer, por ejemplo, en la idea de las «nupcias sagradas» y de la unión amorosa con Dios. O, y quizá sea esta la forma más extraña, nos comportamos con lo otro oculto como unos padres con su hijo travieso, estableciendo lo que tiene que hacer y cómo tiene que comportarse para poder ser nuestro Dios, afirmando, por ejemplo: «Dios no debería permitir esto».

Estas observaciones llevan a una desmitificación de las religiones, especialmente de las religiones reveladas. Muestran que los conceptos religiosos más comunes más bien dicen algo de nosotros mismos que de Dios o de lo divino. Estas observaciones nos obligan a purificar tales ideas y también nuestra actitud ante lo religioso. Sin embargo, también significa que se nos remite de nuevo a la experiencia religiosa original y a los límites que esta nos traza.

A este respecto contaré una pequeña historia. Se titula:

El vacío

Unos discípulos dejaron a un maestro,
y en el camino de vuelta
se preguntaban desengañados:
—¿Qué estaríamos buscando con él?

Uno de ellos respondió:
—A ciegas nos subimos a un coche
que un cochero ciego
conducía ciegamente,
arreando sus caballos ciegos.
Pero, si nosotros mismos,
al igual que ciegos,
avanzáramos a tientas,

quizá, encontrándonos al borde del precipicio,
con nuestro bastón palparíamos
la nada.

Psicoterapia y religión revelada

Ahora bien, mirando a la psicoterapia de la misma manera imparcial, vemos que algunas escuelas psicoterapéuticas han desarrollado rasgos similares a los de la religión que en un principio querían superar, especialmente, de las religiones reveladas. También en ellas hay un revelador y fundador, y hay discípulos que se adhieren a ellos y a sus enseñanzas. Estas enseñanzas pueden acertar en muchos puntos, pero, adhiriéndose a ellas, el horizonte se reduce y se excluyen o incluso se combaten otros elementos que no concuerdan con ellas. Así, se desarrollan escuelas terapéuticas que en ocasiones se comportan como religiones. En el seno de tales escuelas hay entonces una ortodoxia, una fe y una práctica verdaderas, y también existen institutos que controlan esta doctrina y esta práctica verdaderas, excluyendo a los infieles.

Otras similitudes con las religiones son obvias: por ejemplo, la enseñanza introductoria, la prueba de la fiabilidad y de una moral leal a la escuela, el rito de admisión, los órdenes mayores, la conciencia de ser un elegido y el afán de influencia y de poder.

Pero, al igual que en las religiones, en estas escuelas también encontramos adeptos que por su comprensión personal se distancian de la doctrina y de la práctica establecidas, aunque entre sus compañeros no se atreven a admitirlo, por miedo de ser condenados y excluidos.

La práctica profesional

En lo esencial, la psicoterapia se basa en técnicas obtenidas a través de la observación exacta y de la experiencia, constantemente refinadas y desarrolladas por la comprensión y la experiencia. De ahí también deriva una tendencia a dejar atrás las convicciones y las teorías para centrarse en el oficio que debe ser aprendido, sabido, practicado y dominado. Aquí el terapeuta ya no puede dar respuesta a la gran variedad de comprensiones y necesidades dominando un solo método. Así pues, se da un intercambio y una aproximación entre las diversas escuelas, una especie de ecúmene, en la que las fronteras resultan cada vez más permeables. Incluso hay muchos psicoterapeutas que comprenden su trabajo entero como un oficio. Sin vincularse con ninguna escuela, aprenden varios métodos, uniéndolos en la práctica según las necesidades concretas.

Cuerpo y alma

Además de la habilidad artesanal, la psicoterapia también requiere la cura de almas. Esto se aplica sobre todo a la psicosomática, es decir, a aquel tipo de psicoterapia que, en colaboración con la medicina, pretende aliviar y curar también las enfermedades físicas a través del alma.

De hecho, podemos comprobar que ciertos sucesos, por ejemplo, una separación de la madre a temprana edad, no solo repercuten en el alma, sino también en el cuerpo. Así pues, se puede intentar sacar a la superficie aquello que en aquel entonces hizo daño al alma y posteriormente también afectó al cuerpo. La persona lo mira una vez más, se reconcilia, asintiendo a ello tal como fue, y, desde la concordancia con este destino, encuentra también el alivio y la sanación para el cuerpo.

A este respecto, un ejemplo:

Durante un curso en Londres, una mujer en silla de ruedas contó que a la edad de dos años había contraído una poliomielitis que pudo superar sin secuelas graves. Desde hacía unos cuantos años, sin embargo, se sentía discapacitada, por lo que ahora se encontraba en silla de ruedas.

Le pregunté:

—¿En aquel entonces tu salvación fue agradecida?

Como en tantos otros casos, no había sido así.

Cuando alguien se salva de una situación o de una enfermedad mortales, frecuentemente dice que él ha superado o —aún más chocante— que ha vencido a la enfermedad. Entonces el yo se siente como un héroe, manteniendo el control. Pero, en consecuencia, aquello que actúa, es decir, el alma, se vuelve a retirar, abandonando al yo a su propia suerte, frecuentemente con la consecuencia de que algo más grande desengaña a nuestro yo de una forma dolorosa.

A esa mujer le propuse que cerrara los ojos y que interiormente dijera: «Si mi discapacidad es el precio de mi supervivencia, lo pago a gusto».

Ella se resistió y le conté la historia de un hombre joven que a raíz de una poliomielitis estaba tan disminuido que únicamente podía mover levemente la cabeza y una mano. Cuando le pregunté qué historia tocaba más profundamente su alma, me contó una historia zen: «Un montañista se cae y queda colgando de su cuerda sobre un precipicio. Arriba, los ratones empiezan a roer la cuerda. De repente, ve al alcance de su mano dos fresas silvestres entre las rocas. Las coge, se las lleva a la boca y dice: "¡Qué dulces!"»

A continuación, le pregunté a la mujer:

—Si en un lado te imaginas que tu vida hubiera transcurrido con salud y en el otro te imaginas tu vida tal como ha sido de verdad, ¿cuál de las dos es más valiosa?

Ella se resistió largamente alegando subterfugios. Finalmente rompió a llorar y dijo:

—Esta es la más valiosa.

Esta fue una realización religiosa, abandonando el yo y su control para dirigirse a la entrega y a la concordancia. Pero justamente de esta realización nace una fuerza aliviadora y sanadora.

A veces, el alma también desea estar enferma y morir en concordancia con algo más grande, es decir, por una actitud religiosa que ha renunciado a actuar, ya que a veces el alma necesita una enfermedad para su purificación —o quiere morir porque siente que su tiempo ha pasado.

Hace poco, una mujer enferma de cáncer me contó un sueño extraño. Se estaba mirando al espejo y se vio sin cabeza.

Le dije:

—Este es un sueño de muerte.

Ella me contestó:

—Pero no sentía ningún miedo.

Le dije:

—Exacto. En lo profundo, el alma no tiene miedo ante la muerte.

En el alma existe un movimiento que anhela volver al fondo último. Cuando ha llegado el momento justo, el alma se inclina hacia este fondo último y se halla en paz. En este movimiento hay una belleza y una profundidad increíbles; es el movimiento más profundo de todos.

Algunos, sin embargo, realizan este movimiento antes de tiempo, interfiriendo en el movimiento natural. De esta manera perjudican al alma. A esas personas hay que ayudarlas para que se detengan, ya que el que antes de tiempo emprende este camino peca contra ese movimiento. En cambio, quien silenciosamente se abandona a ese movimiento natural a veces se da cuenta de que por sí solo se detiene.

También a este respecto, un ejemplo: En un programa de televisión sobre curaciones espontáneas se presentó un paciente que había sido operado de cáncer. Cuando los médicos vieron que ya no había nada que hacer, le dieron de alta de la clínica como caso incurable.

Como el hombre era consciente de que su vida se estaba acabando, en casa se sentó junto con su mujer para hacer su testamento. En cuanto lo hubo terminado, sintió que todo su cuerpo se estremeció, y a partir de ese momento las células cancerosas empezaron a morirse. Como confirmaron los médicos, el hombre se sanó por completo.

¿Qué había ocurrido? El hombre alcanzó la sintonía con la muerte, con el destino y con el final, con el fondo último, por así decirlo, del que surge y al que vuelve a caer la vida, y de esta sintonía, el movimiento se invirtió conduciéndolo nuevamente hacia la vida.

La comunidad unida por el destino

Ahora bien, también existen sucesos y destinos en las familias de origen de determinados pacientes que no fueron vividos por ellos mismos y, a pesar de todo, llegan a producir enfermedades graves en ellos. También aquí el protagonista es el yo, pero de una manera extraña. Así, en muchos casos los pacientes intentan anular la separación de los padres o de los hijos muertos diciéndoles interiormente: «Te sigo». Frecuentemente también realizan esta frase, sea a través de una enfermedad mortal, o un accidente grave, o un suicidio. O también se intenta cambiar el destino fatal de una persona amada con medios mágicos, a veces incluso a posteriori, diciéndole interiormente: «Prefiero morir yo antes que tú». Muchos incluso realizan esta frase, sea por una enfermedad, un accidente o un suicidio.

O también se intenta expiar la culpa propia o ajena por medio de la enfermedad o de la muerte, como si fuera posible compensar o borrar una fatalidad a través de otra fatalidad. También aquí la mera habilidad profesional no es suficiente. También aquí se requiere una psicosomática claramente consciente del trasfondo religioso de la enfermedad y de la sanación, capaz de captar tales contextos; una psicosomática que cuidadosamente sepa alejar a la persona de aquella actitud religiosa que pretende conjurar las realidades de la muerte, de la culpa y del destino de una manera mágica, para acercarla a una actitud que se somete a estas realidades, reencontrando justamente así lo propio: la propia grandeza y la propia fuerza, la propia vida, la salud y la felicidad. Solo desde esta actitud, también el trabajo con constelaciones familiares puede desarrollar plenamente su fuerza reconciliadora y sanadora.

El centro vacío

La cuestión que ahora se plantea para los psicoterapeutas es la siguiente: ¿cómo pueden llegar a esta actitud y cómo pueden desencadenar y sostener estos efectos? A este respecto no necesito pensar mucho, ya que me atengo a un amigo mío, un tal Lao Tse, que murió hace mucho tiempo. En su libro *Tao Te King* habla sobre los efectos de la contención y de la retirada a un centro vacío.

Quien se retira al centro vacío está libre de intenciones y de miedos. Como por sí solo, la gran variedad a su alrededor comienza a ordenarse sin que él mismo se mueva. Esta es la actitud que el terapeuta puede adoptar ante los destinos difíciles y ante la enfermedad grave: retirarse al centro vacío. En ese momento no necesita cerrar los ojos, ya que el centro vacío no se encuentra aislado; está en unión. Así pues, el terapeuta se expone al mismo tiempo a la enfermedad y al destino, con su mayor superficie, por así decirlo, y sin temor. Eso es especialmente importante, ya que quien siente miedo pensando en todo lo que podría pasar ya ha perdido su fuerza y su actitud alerta. En el centro vacío, la persona se halla unida con fuerzas que sobrepasan en mucho al yo y sus planes. Entregándose a él, de repente surgen imágenes y frases de solución e indicaciones para el actuar concreto. Estas indicaciones son seguidas. Naturalmente también es posible el error, pero este se regula a través del eco que provoca. Así pues, el terapeuta no necesita ser perfecto en esta actitud. No se arroga nada. Solo permanece en silencio en este centro. Y es así como este tipo de terapia se logra.

Esta actitud sin intenciones, que asiente a la persona enferma tal como es, que asiente a su enfermedad tal como es, que asiente al propio destino tal como es, a esta actitud la llamo humildad. Ella resulta de la sintonía entre alma y yo y es la realización religiosa en sí.

Al final aún contaré una historia. Se trata de una historia filosófica, o religiosa, o terapéutica –puesto que en ella estas diferencias se suprimen. La historia se titula:

El círculo

Un afectado rogó a otro que le acompañaba un trecho en el mismo camino:
–Dime: para nosotros, ¿qué es lo que cuenta?

El otro respondió:
–Primero cuenta que estamos con vida por un tiempo,
por lo que hay un principio ante el que ya hubo mucho,
y, cuando termina, vuelve a caer a lo mucho que antes ya existió,
ya que, al igual que en un círculo que se cierra,

fundiendo su final y su principio en una sola cosa,
así, el después de nuestra vida se une sin ruptura a su antes,
como si entre ambos no hubiera mediado ningún tiempo:
por tanto, solo tenemos tiempo ahora.

Después cuenta que aquello que en el tiempo obramos
junto con él se nos escapa,
como si a otro tiempo perteneciera
y, donde creíamos actuar,
tan solo fuéramos levantados como un herramienta,
empleados para algo más allá de nosotros,
y, luego, puestos a un lado de nuevo.
La despedida nos encuentra concluidos.

El afectado preguntó:
—Si nosotros y nuestro obrar
existimos y nos extinguimos
cada cual a su tiempo,
¿qué cuenta cuando nuestro tiempo se cierra?

El otro contestó:
—Cuenta el antes y el después
como uno mismo.

Después se separaron sus caminos
y su tiempo,
y ambos se pararon
y recapacitaron.

REFLEXIONES FINALES

¿Qué es el amor?

El amor nos mantiene con vida. Sin amor no existiríamos. Sin la atención y los cuidados amorosos de tantas personas habríamos muerto muy pronto. Y, de la misma manera que nosotros vivimos gracias al amor de otros, así también otros viven gracias a nuestro amor. Amor también significa «perteneciente». Sin pertenencia, es decir, como individuos aislados, solo somos capaces de sobrevivir durante un breve tiempo. Sin embargo, solo aquellas personas que se experimentan como pertenecientes a la vida de otros viven su unión con amor.

La pertenencia

La pertenencia más profunda, la más importante, es la que nos une a nuestra familia. De ella provenimos. Ella es nuestra seguridad. Sobre todo de ella recibimos todo lo necesario para nuestra supervivencia. Y es en la familia donde también nosotros damos lo que otros necesitan para su supervivencia. Por tanto, para nosotros constituye la comunidad de vida en el auténtico sentido de la palabra: en ella recibimos la vida y en ella desarrollamos nuestras capacidades para la vida.

Si no fue la familia de origen la que, una vez transmitida la vida, nos pudo ofrecer esta comunidad, otra familia –en un sentido más amplio de la palabra– habrá asumido ese papel.

Más adelante, cuando hasta un cierto punto nos independizamos de nuestra familia, buscamos la pertenencia a una nueva familia, o bien una familia que nosotros mismos creamos con una pareja, o bien una comunidad similar a una familia.

Independientemente de los objetivos de estas nuevas comunidades, lo fundamental para sus miembros, en todas ellas, es la pertenencia, la pertenencia segura. Una relación que ya no puede asegurar esta pertenencia se rompe, por lo que sus miembros buscan una nueva pertenencia en una nueva relación. La pertenencia es lo más importante.

Sin embargo, esta seguridad de formar parte tan solo se da donde los miembros de la relación también fundamentan su unión en el amor, dando y tomando amor. Solo así tienen la sensación de seguridad, tan importante para su supervivencia.

La felicidad

Como suele ser en la vida en general, también aquello que sirve a la vida y la mantiene va acompañado de una sensación de felicidad, como si se tratara de una recompensa por el esfuerzo que realizamos al servicio de la vida. Por eso, la pertenencia, el amor y la felicidad forman un conjunto. Sin la seguridad de la pertenencia y sin amor, tampoco puede darse la felicidad.

Donde experimentamos esta pertenencia con amor y felicidad, vivimos nuestra vida como plena. Estos tres valores constituyen el bien supremo para nosotros.

Otros grupos

Por regla general, sin embargo, solo experimentamos esta pertenencia, este amor y esta felicidad en el seno de un grupo relativamente reducido y limitado. En relación a otros grupos, muchas veces actuamos con rechazo, considerándolos un peligro para nuestro propio grupo.

Los demás grupos probablemente experimenten lo mismo hacia nuestro grupo. Para conjurar el peligro, a veces estos grupos se combaten. Se defienden ante el otro grupo, intentando ponerle límites o, incluso, aniquilarlo.

Si el otro grupo fue subyugado por mi grupo, sus miembros acaban formando parte del mío. Tienen que servirle y, a cambio, reciben algo, por ejemplo, una cierta seguridad ante los enemigos externos, lo cual les brinda la posibilidad de sobrevivir junto a mi grupo.

Sin embargo, en la mayoría de los casos, en este intercambio no hay ni amor ni felicidad.

Por este motivo, al cabo de un tiempo, ese grupo acaba convirtiéndose en una carga para el mío, incluso en una nueva amenaza, puesto que más bien pone en peligro la seguridad externa en lugar de servirle. En consecuencia, el fraccionamiento de este grupo grande en varios más pequeños está predeterminado.

Cómo se crea la unión

Por otra parte, si ambos grupos inician un intercambio más intenso dando y tomando, por lo que, al cabo de un tiempo, descubren que se necesitan y se favorecen mutuamente, muchas veces y por iniciativa propia llegan a formar una comunidad mayor, sin por ello perder ni renunciar a su idiosincrasia.

En este caso, el sentimiento de pertenencia se vive de otra manera: más estrecho en relación al propio grupo y menos estrecho en cuanto al grupo mayor del que forman parte. Un ejemplo en este sentido serían los *länder* en Alemania o los diferentes estados de Estados Unidos de América. Pero también, en el seno de una gran organización, los miembros de los diferentes departamentos experimentan una pertenencia más estrecha con sus respectivos departamentos que no con la organización global.

Tratándose de la supervivencia de la organización global, sin embargo, y, con ello, de la supervivencia de los diversos departamentos y sus miembros, el vínculo con la organización como totalidad tiene prioridad ante el vínculo con el propio departamento.

Por supuesto, también se dan rivalidades entre los subgrupos. Estas más bien sirven al conjunto en lugar de perjudicarlo, a no ser que uno de los grupos pretenda subordinar a los demás. En ese caso, los grupos que se encuentran en inferioridad de condiciones estarán menos dispuestos a colaborar, lo cual perjudicará al conjunto.

La benevolencia

Las maneras aquí descritas de asegurar nuestra pertenencia en su mayoría están en nuestras manos, siempre que conozcamos estas dinámicas. Pero también es importante que nos ejercitemos en una actitud de benevolencia hacia aquellos que se diferencian de nosotros en sus necesidades y temores. Esta actitud de benevolencia conduce a que ambos grupos perciban al respectivo otro grupo de una forma distinta, es decir, como en gran parte idéntico al propio grupo en lo que a sus necesidades y miedos se refiere. En lugar de combatirse simplemente para asegurar las propias necesidades y conjurar los propios miedos, llegan a estar dispuestos a colaborar con el otro grupo para satisfacer sus necesidades y aplacar sus miedos juntos. De esta forma, ambos grupos salen ganando; también hacia el exterior acaban siendo más fuertes y abiertos para, quizá, ganar todavía a otros grupos más e integrarlos en el esfuerzo común de servir a la vida de sus miembros.

¿Qué significa, pues, «benevolencia» en este contexto? Que mis intenciones para el otro y para los demás grupos sean buenas en todos los sentidos. Significa renunciar a mis objeciones y dejar ir mis miedos en relación a ellos. Los miro con buenos ojos tal y como son. Los miro con buenos ojos en aquello que saben hacer. Los miro con buenos ojos en aquello que es especial en ellos y también en aquello que les falta a raíz de su origen y sus vínculos específicos.

Esta benevolencia es una actitud interna, sin que por ello tengamos que actuar. Gracias a nuestra benevolencia, los demás pueden ser y seguir siendo como son. Por tanto, tampoco se sienten amenazados ni impedidos por nosotros en ningún aspecto. Gracias a nuestra benevolencia pueden sentirse a gusto tal y como son, ya que la benevolencia actúa por su simple presencia.

El campo espiritual

¿Cómo se da la benevolencia? Se da en un campo espiritual común que nos une, a nosotros y a nuestro grupo, con los demás y con sus grupos, ya que, independientemente de la forma en que nosotros como individuos nos hallemos unidos a otros, e independientemente de cómo nuestro grupo se halle unido a otros grupos, nos movemos en un campo espiritual común en el que nadie ni nada puede existir sin el otro o lo otro. Nuestra benevolencia, sin embargo, cambia algo en este campo, se inicia un movimiento en este campo en el que algo que antes tendía a separarse se acerca. Pero sin que nadie tenga que intervenir desde fuera.

Este movimiento que reúne aquello que antes era opuesto es un movimiento espiritual. También es un movimiento creativo que facilita lo nuevo. Por tanto, nuestra benevolencia se halla en concordancia con este movimiento espiritual. Es más, ella misma es algo espiritual, significa avanzar al ritmo de este movimiento espiritual.

La otra pertenencia

En un principio, esta benevolencia espiritual quizá nos resulte exigente, ya que a través de ella en cierto modo nos alejamos del grupo que hasta ese momento nos daba seguridad y nos concedía el derecho a la pertenencia. El vínculo estrecho con nuestro grupo o con determinadas personas se afloja, porque la benevolencia también da un lugar a algo que hasta ese momento nos era ajeno y desconocido, sea a nivel individual o a nivel grupal. Nos sentimos pertenecientes también a los otros y les damos un lugar de arraigo entre nosotros. Todo esto, sin embargo, de una forma espiritual, sin actuar por ello. Les concedemos esta pertenencia meramente por nuestra benevolencia, sin que por ello disminuya nuestra benevolencia hacia nuestro propio grupo ni hacia otras personas que hasta ese momento nos eran cercanas.

Esta benevolencia hacia otros añade algo al amor y a la felicidad que hemos vivido hasta ese momento, pero de una forma espiritual, de una forma extensa. No de la misma manera entrañable que en nuestros vínculos cercanos, sino de un modo más amplio y más profundo, como si a través de esta benevolencia accediéramos a un espacio diferente, un espacio espiritual.

La conciencia

Aunque el vínculo con nuestra familia y con el grupo importante para nuestra supervivencia siempre será la condición indispensable para nuestra seguridad de poder formar parte y para nuestras experiencias fundamentales de amor y de felicidad, este mismo vínculo también constituye un impedimento para el amor y la felicidad espiritual más extensos, ya que, dado que vincula, también separa. Nos separa de otros grupos. Nos lleva a la sensación de superioridad ante ellos y nos lleva a sentir que los otros grupos nos limitan y nos amenazan, y que cuestionan los valores vigentes en nuestro propio grupo. Así, quizá temamos que nos obliguen a revisar el orden que hasta ahora considerábamos vigente y que tengamos que reorientarnos.

La fuerza interior que se resiste a reconocer a los demás grupos como básicamente iguales en condición y derechos es nuestra conciencia. De la misma manera que nos vincula con nuestra familia y con nuestro grupo, también nos aísla de los demás grupos, muchas veces con la misma fuerza implacable. Así, la conciencia se opone al movimiento espiritual que impulsa y mantiene en movimiento todo lo que se mueve, con la misma disposición porque quiere a todo de la misma manera.

Al caminar con este movimiento del espíritu superamos los límites de nuestra conciencia. Nuestra conciencia se espiritualiza y participa de este movimiento del amor hacia todos.

Las fuerzas opuestas

Ahora bien, la pregunta sería: ¿dónde queda este amor en los grandes conflictos? ¿Dónde queda este amor en las guerras crueles, las matanzas y los incendios asoladores, los genocidios y las catástrofes devastadoras de todo tipo? ¿Dónde queda en aquellos que quieren y dirigen tales guerras? Dónde queda en las guerras de conquista y en las medidas que humillan, esclavizan y exponen a un sufrimiento indecible a tantas personas? ¿Y dónde queda en el dolor que afrontan tantos niños abandonados, maltratados y abusados?

¿Actúa aquí el mismo movimiento del espíritu? ¿También se encuentra detrás de estas crueldades? Aquellos que las causan y las ejecutan, ¿también están al servicio de este espíritu que impulsa y mantiene en movimiento todo lo que se mueve? ¿O existe alguna fuerza opuesta que actúa en contra de este espíritu, frenando o impidiendo su actuar? En relación a ella, ¿resulta impotente este espíritu? ¿De qué manera podemos sintonizar con el movimiento del espíritu, abriéndonos a todo tal y como es, cuando al mismo tiempo pretendemos apartar o negar este otro lado de su fuerza creativa sin tampoco temerla?

Resulta difícil de imaginar que este otro lado del movimiento creativo nazca de fuerzas opuestas. De ser así, las fuerzas opuestas serían la auténtica fuerza creativa. Por tanto, tenemos que entregarnos interiormente a la totalidad de este movimiento, movimiento que nos orienta y nos conduce mucho más allá de nuestro bienestar personal. En ningún momento, sin embargo, podemos encontrarnos abandonados por él, fuera cual fuera nuestro destino.

El amor eterno

Aún hay otro hecho más a tener en cuenta: algo nos parece grave y terrible tan solo en el momento, tan solo en esta vida. Solo puede ser terrible para nosotros si este tiempo de vida fuera todo el tiempo y el único para nosotros, y si después de este tiempo nos quedáramos desconectados del resto de las personas que vivieron antes y de las que vivirán después de nosotros; si solo aquí, en este tiempo de vida personal, nos abarcara el movimiento del espíritu, en lugar de llevarnos consigo ya antes de este tiempo de vida y seguir llevándonos después, ya que este movimiento solo se puede imaginar como un movimiento eterno, sin principio y, por tanto, sin fin. En este movimiento, ya fuimos, somos ahora y seguiremos siendo.

¿Qué cambia entonces para nosotros y para nuestro amor? En él estamos presentes, totalmente presentes, porque en él ya fuimos y también permaneceremos. En él nos hallamos presentes, seguros y no nos podemos perder, ocurra lo que ocurra. ¿Cómo? Serenos.

El otro Dios

Dios, si es que existe, solo puede ser imaginado como diferente de lo que pensábamos.

A veces deseamos que corresponda a nuestras ideas, como si tuviera que convertirse en el resultado de nuestras ideas, con lo que lo crearíamos y también lo tomaríamos a nuestro servicio a través de nuestras ideas. En realidad, sin embargo, se sustrae a nuestras ideas hasta desesperarnos, porque justamente se nos sustrae con nuestras ideas.

¿Cómo actuamos cuando nos damos cuenta de la futilidad de todas las ideas creadas acerca de él?

Lo liberamos de nuestras ideas y de nuestras expectativas. Nos entregamos a nuestra impotencia soltando cualquier pensamiento acerca de él.

¿Y qué ocurre entonces con nosotros? Nada, ya que, de lo contrario, nos encontraríamos creando otra idea acerca de él, y la idea de que no existe es tan fútil como cualquier otra idea acerca de él.

Por tanto, soltamos todas nuestras ideas acerca de él, volviendo del Cielo a la Tierra, para permanecer en ella, nos lleve donde nos lleve, y así notar que hemos vuelta a casa: a casa con nuestro principio, con nuestro misterio más profundo, con nuestra finitud, sin ningún pensamiento sobre lo que nos espera después.

De repente, nos experimentamos sin ideas, guiados desde otra parte, guiados con amor, sin principio y sin fin, tan solo guiados ahora, y cobijados. ¿De dónde? No lo sabemos.

Las religiones

Las religiones unen a sus seguidores profundamente. En este sentido, también aseguran la unión en las familias, ya que, a través de la religión y más allá de los estrechos lazos familiares, estas se experimentan como unidas a una familia superior, como a un antepasado lejano del que les llega la vida que todos recibieron.

A este antepasado lejano lo llaman Dios. Gracias a esa unión que va más allá de la propia familia, la religión adquiere una importancia singular para sus seguidores. Les ofrece la seguridad de seguir viviendo más allá de esta vida, como individuos y como familia, junto a todos los que forman parte de su grupo.

Al mismo tiempo, la religión, refiriéndose a su dios, determina las reglas según las cuales sus seguidores han de vivir y han de venerar y servir a su dios, para asegurarse su benevolencia y el cumplimiento de las promesas que él ha vinculado a la observación de sus mandamientos y a esa manera concreta de venerarlo y de servirlo.

El cumplimiento de estos mandamientos y la invocación conjunta de este dios en unos momentos determinados y en unos lugares expresamente reservados para él mantiene unidos a sus fieles de una manera que sobrepasa en mucho a sus familias. Se unen en una familia superior en la que se sienten profundamente cobijados y pertenecientes.

Mientras las religiones permanecen aisladas, cumplen con este cometido exhaustivamente. Algunas religiones, como, por ejemplo, el cristianismo y el islam, más allá de estos límites han reclamado el derecho a ser la única religión verdadera, intentando someter a otras religiones a la suya propia, sacrificándolas a su dios, por así decirlo, para así servir a su propia grandeza como individuos y como grupo, y también a la grandeza de su dios.

El Estado

¿Qué ocurre cuando estas religiones y este dios y estos seguidores pierden su supremacía? ¿Cuando, por ejemplo, han de compartir su religión con otros? ¿Cuando hay otro poder por encima de ellos cuidando de que convivan pacíficamente con otras religiones?

De repente, otro dios ocupa el lugar de las religiones y de sus dioses y les marca sus límites. También este dios promulga mandamientos y promete la salvación a aquellos que le sean leales y le sirvan. También este dios a veces intenta ampliar su influencia a costa de otros dioses existentes a su lado.

¿Quién es ese otro dios? Ese dios es el Estado nacional moderno.

¿Cómo nos convertimos en miembros de ese Estado? En primer término, por nacimiento, o adhiriéndonos o sometiéndonos a él.

¿Qué nos ofrece este Estado? La seguridad dentro de los límites de sus fronteras, siempre que respetemos sus leyes y sirvamos a sus intereses para su propio bien y para el bien de todos sus ciudadanos.

A nuestro Estado muchas veces nos une un sentimiento religioso, similar al que muchas personas experimentan en relación al dios de las religiones. Observamos este sentimiento religioso cuando muchas personas juntas entonan el himno nacional.

La pertenencia a nuestro Estado es de vital importancia para nosotros. Sin ella nos experimentamos perdidos, como les ocurre a muchos apátridas y como antiguamente era el caso de los judíos viviendo entre los cristianos, tolerados, pero sin el derecho de formar parte.

Los estados unidos

Al igual que antes las religiones dependían del Estado, así, con la globalización, también los estados nacionales experimentan una creciente dependencia de otros estados. Por tanto, se unen a ellos en una comunidad de estados con un vínculo más o menos estrecho, o formando incluso un estado unido, de manera que sus ciudadanos tengan acceso a otros estados y las fronteras entre ellos queden suprimidas.

¿Qué ocurre entonces con las religiones? Ellas siguen perdiendo influencia y poder, sobre todo al ver que las libertades de opinión y de expresión allí garantizadas las obligan a encarar y respetar las comprensiones de la Ilustración y de una conciencia más amplia a muchos niveles. Por ejemplo, la igualdad de los Derechos Humanos.

Religión y plenitud

¿Qué tienen en común todos estos procesos? Cada vez más se cuestiona la idea de la superioridad de un grupo sobre otros, mientras crece el reconocimiento de la coexistencia y de la codependencia. De esta forma desaparece la idea de elección de los miembros y los seguidores de una determinada religión o un Estado específico ante otros, es decir, la idea de que aquellos tengan al único dios de su parte mientras que los demás sean rechazados o repudiados por él, por lo que el primer grupo habría recibido la llamada de su dios para someterle a los demás y dominarlos en su nombre.

Las palabras *dios* y *religión* aquí también serían sinónimos de todas aquellas ideologías que con la misma pretensión universal desean someter a otros a sus ideales o sistemas políticos, por ejemplo, el comunismo u hoy en día la democracia.

Pero volvamos a las religiones y a la religión. ¿Qué permite superar aquello que separa las religiones, qué supera los límites que ellas mismas se ponen y que erigen ante otros? La despedida de la idea de su superioridad y de su elección. En último término, la despedida de la diferenciación entre buenos y malos. Sobre todo, de la idea de que una última realidad, de la cual todo y todos reciben su existencia y son sostenidos en su existencia de forma inmediata, establece tales diferencias a favor de unos y en detrimento de otros.

La superación de estas diferenciaciones nos exige despedirnos de las religiones tal y como las conocemos, al menos, despedirnos internamente. Y nos exige la despedida de ideologías que creen tener el derecho y la obligación de entrar en guerra con otros por sentirse superiores a ellos y por sentirse responsables de su salvación según su propia imagen. ¿Y qué significa esto para nosotros? Nos retiramos, nos convertimos en individuos ante estas fuerzas creadoras, permitiendo que nos guíe aquella fuerza creadora ante la que todos somos iguales, todos fuimos llamados de la misma manera a la existencia por ella y de la misma manera volvemos a ella. Hacemos nuestro camino como individuos, en concordancia con esta fuerza y uno con todos los demás a través de ella, de igual a igual. De esta manera nos unimos a este poder de la forma más profunda, humildemente uno con él.

Esta religión une porque al mismo tiempo nos separa, nos separa en todos los sentidos de toda superioridad, porque nos separa con amor, nos separa con respeto, nos separa con devoción. Estoy solo: con este poder, solo; con los demás, solo; con desapego, solo; con amor, solo; sin pretensiones, solo; centrado y solo, bendecido y solo, unido y solo.

Solo aquel poder habla aquí. Todos los demás escuchan. ¿Cómo? Solos, respondiendo solos, absolutamente solos.

Esta es la religión en plenitud, la que vive el amor en plenitud. ¿Cómo? Solo, con amor hacia todos, junto a ellos solo ante un Último, solo en plenitud.

¿Qué significa aquí religión en plenitud? Plenitud significa aquí que no le falta nada. Todo tiene su lugar. Nadie ni nada es excluido por ella. Porque ella, al igual que toda vida a la que sirve, sigue avanzando. También su plenitud avanza: se colma más y más.

Junto a ella, también nosotros nos colmamos, nos colmamos de algo infinito que nos transporta hacia una amplitud infinita, ya que lo infinito solo lo podemos imaginar en movimiento, en un movimiento hacia algo infinitamente más grande y nuevo.

Esta religión es la entrega a lo venidero, venga como venga. Es la entrega a un movimiento de amor hacia este algo venidero. En cada momento crece y se supera para dirigirse a lo siguiente. En este sentido supera todas las contradicciones, las supera con amor.

Es la religión del amor pleno, también aquí en movimiento hacia algo más extenso y profundo, en la que se reúnen y unifican cada vez más elementos. No tiene límites ni pone límites. Tan solo une a más y más elementos, se llena más y más, se halla cada vez más llena de amor.

Por eso, esta religión es individual. Solo como individuos nos lleva consigo, junto a muchos otros individuos, ya que solo como individuos nos hallamos plenos, aunque de formas diversas, porque cada uno alcanza la plenitud en su movimiento a su manera.

La plena religión es la religión de la paz, de la plena paz. Cada persona y todo lo que existe pueden ser como son y moverse como se mueven, en concordancia con un movimiento que es uno concreto para cada uno, unos al lado de otros y juntos, cada uno pleno a su manera, pleno en su movimiento de amor.

    Este movimiento se da con quietud, con centramiento y quietud, ya que espera más, aquello que venga después, en plenitud.

    ¿De qué he estado hablando aquí? De la vida en plenitud. Vida y religión son lo mismo aquí. Se hallan repletos de algo más grande, venidero, y en todo momento están en movimiento hacia algo infinito —con amor.